丛书主编　张玉金

汉字与人体

白　冰　编著

暨南大学出版社
JINAN UNIVERSITY PRESS

中国·广州

图书在版编目（CIP）数据

汉字与人体/白冰编著. —广州：暨南大学出版社，2015.8
（汉字中国）
ISBN 978 - 7 - 5668 - 1304 - 6

Ⅰ.①汉… Ⅱ.①白… Ⅲ.①汉字—研究 Ⅳ.①H12

中国版本图书馆 CIP 数据核字（2014）第 295710 号

· ·

汉字与人体
编 著 者 白 冰

出 版 人 徐义雄
策划编辑 杜小陆 刘 晶
责任编辑 曾 栩 陈丽娟
责任校对 范小娜
责任印制 汤慧君 周一丹
出版发行 暨南大学出版社（广州暨南大学 邮编：510630）
网 址 http://www.jnupress.com http://press.jnu.edu.cn
电 话 总编室（8620）85221601
营销部（8620）85225284 85228291 85228292（邮购）
排 版 广州良弓广告有限公司
印 刷 佛山市浩文彩色印刷有限公司
开 本 850mm×1168mm 1/32
印 张 8.75
字 数 179 千
版 次 2015 年 8 月第 1 版
印 次 2015 年 8 月第 1 次
定 价 33.00 元

（暨大版图书如有印装质量问题，请与出版社总编室联系调换）

总　序

　　当人类从野蛮跨入文明，一些民族发明并使用了文字。如巴比伦人的楔形文字、埃及人的象形文字、玛雅人的图形文字等。我们的先人，同样也发明并使用了象形文字。

　　然而到了今天，其他几种古老的文字体系都消亡了，只有我们的汉字至今还存活着，并呈现出勃勃的生机。在可以预见的将来，它都不太可能被废弃。这是为什么？

　　传说汉字是四目的仓颉所造的。他创造文字之后，"天雨粟，鬼夜哭"，真是惊天地、泣鬼神的壮举。即使在今天，还有人把汉字的创造看成是中国人的第五大发明。的确，汉字对中华民族的贡献，怎样评价都不过分。

　　汉字具有超时代性，使我们后人很容易继承先人所创造的伟大文明。中华民族生生不息，中华文明薪火相传，绵延不绝。汉字居功至伟。

　　汉字具有超地域性，使得居于不同地域、操不同方言的人们能顺利交流，维系着我们国家的统一和民族的团结。汉字功不可没……

　　汉字身上，蕴藏着无穷无尽的奥秘，等待着我们去探究。

　　然而以往对汉字的研究，多是就汉字研究汉字，如研究汉字的本义和形体结构，探究汉字的起源、发展、结构等。有时就汉语研究汉字，探讨汉字与汉语的关系。

　　近些年来，一些学者开始研究汉字自身所具有的文化意义，探讨汉字与中国文化的关系。

　　但是，到目前为止还没有人从中国文化生态系统的角度来研究汉字。本丛书就是从中国文化生态系统的角度来研究汉字的。

　　所谓中国文化生态系统是指由影响中国文化产生和发展的自然环境、科学技术、经济体制、社会组织及价值观念等变量构成的完整体系。人类的活动是社会的主体，人类的文化创造可以划分为科学技术、经济体制、社会组织及价值观念四个层次，这些因素构成文化生态系统的结构模式。与自然环境最近、最直接的是科学技术一类智能文化；其次是经济体制、社会组织一类规范文化；最远是价值观念。对人类的社会化影响最近、最直接的是价值观念；其次是社会组织、经济体制；最远的是自然环境，它对人类社会化的影响是通过经济体制、社会组织及价值观念等中间变项来实现的。

　　汉字是一种文化现象，所以可以从中国文化生态系统的角度来研究汉字。把汉字与中国文化生态系统联系起来，考察汉字所赖以产生的整个文化生态系统及其对汉字的影响，考察汉字中蕴含的中国社会结构、经济土壤、文化系统和自然环境等各方面的信息。

　　本丛书的创新点，不是仅就汉字论汉字、仅就汉语论汉字，也不是仅就中国文化来论汉字，而是联系它所赖以产生的整个文化生态系统，从而达到对汉字的更为深入全面的剖析。

　　本丛书从汉字与人、汉字与社会、汉字与经济、汉字与文化、汉字与自然五个大的角度来研究汉字，共提出 39 个研究子课题，每个子课题都写成一本小书。这些子课题如下：

　　一、人：汉字与人体。

　　二、社会：汉字与婚姻家庭、汉字与宗法、汉字与职官、汉字与战争、汉字与汉语。

　　三、经济：汉字与农业、汉字与渔猎、汉字与手工业、汉字与贸易。

　　四、文化：

　　（一）物质文化：汉字与饮食、汉字与服饰、汉字与建筑、汉字与交通、汉字与玉石、汉字与文房四宝。

　　（二）制度文化：汉字与刑法、汉字与度量衡。

　　（三）精神文化：汉字与乐舞、汉字与书法艺术、汉字与神话、汉字与对联、汉字与数目、汉字与医疗、汉字与色彩、汉字与经典。

　　（四）心理文化：汉字与民俗、汉字与姓名、汉字与避讳、汉字与测字、汉字与字谜、汉字与宗教、汉字与道德、汉字与审美、汉字与思维。

　　五、自然：汉字与植物、汉字与动物、汉字与地理、汉字与天文。

　　本丛书的读者对象是具有高中及以上学历的学生和一般国人，也包括学习汉语汉字的海外华人、外国学生和一般外国人。

　　全面揭示汉字所蕴含的中国文化生态系统信息，可以让普通民众和大中学生对我们天天使用的汉字有更为深入的了解，有利于提高基础教育和高等教育的水平，有利于提高中华民族的科学文化水平；还可以让学习汉语的外国学生和一般外国人对汉字及其背后的文化生态系统，特别是两者的关联有更多的了解，这有利于汉字汉语汉文化走向世界。

张玉金

2014. 12

前　言

"人同此心，心同此理"，这是说对于某些事情，大多数人的感受和想法大致相同。比如两人见面，一方随口问："你好！"对方回答也是："你好！"这样的日常打招呼，就是问你身体是不是好。可见，人们最关心的是身体。健康的身体使生命的花苞绽放幸福的花朵，身体有一处出了问题，没了精力，没了力气，工作、生活、功名、利禄都将黯然失色。所以，人们最看重的是身体。

人们最熟悉的，也是自己的身体。所以，先民创造文字，近处模仿身体四肢，远处模仿自然万物，这就是《易·系辞下》所说的"近取诸身，远取诸物"。在造字之初，古人按照从自然到人再到人工物的思维顺序认识事物，之后又深入想象和联想，创造了比喻与类比。自然万物有形、有色、有声，而后有事、有意、有用。所以，早在3 000年前的商代晚期即武丁时期的甲骨文中，与人体相关的汉字就很多了。其中，有刻画人的形体特征的，刻画头颈特征的，刻画胸腹特征的，刻画肢体特征的，刻画生死特征的，而且已经是比较规整、比较系统的汉字了。汉字的成熟是华夏民族文明的一个标志。

　　书里解释字，常说到"六书"，即指事、象形、形声、会意、转注、假借，前四种是造字法，可造出新字，后两种是用字法，造不出新字，所以又被称为"四体二用说"。根据东汉许慎《说文解字·叙》（以下《说文解字》简称《说文》）对"六书"的解说：指事字的含义是字形、结构看起来认得，但须经过考察才能知道它所体现的字义，"上"、"下"二字就是这样的字。象形字的含义是用画画的方法画出那个物体的形状，笔画的波磔弯曲同自然物的态势相一致，"日"、"月"二字就是这样的字。形声字的含义是按照事物的性质和叫法，挑选可相比喻的声符和义符组成文字，"江"、"河"二字就是这样的字。会意字的含义是由两个或两个以上意义相关的字素构成文字，来表示这个字的字义或旨趣，"武"、"信"二字就是这样的字。转注字的含义是立一字为头、为根，创制类属字，类属字对根字的形、音、义有所承袭，与根字意义相通，"考"、"老"二字就是这样的字。假借字的含义是没有为某事、某物造字，而按照某事、某物的叫法，找一个同音字代表它，"令"、"长"二字就是这样的字。[①]

　　书中引用古汉字，经常提到甲骨文、金文、《说文》籀文、

---

　　① 许慎《说文解字·叙》："一曰指事，指事者，视而可识，察而见意，上下是也；二曰象形，象形者，画成其物，随体诘诎，日月是也；三曰形声，形声者，以事为名，取譬相成，江河是也；四曰会意，会意者，比类合谊，以见指㧑，武信是也；五曰转注，转注者，建类一首，同意相受，考老是也；六曰假借，假借者，本无其字，依声托事，令长是也。"

《说文》古文、小篆。这五种字体有什么区别呢？

　　甲骨文是商代供占卜使用的文字。"甲"是指龟的腹甲或背甲，以腹甲居多。"骨"是指牛羊鹿猪等兽骨，商代占卜所用的兽骨主要是牛的肩胛骨。甲骨文就是契刻在龟甲和兽骨上内容为卜卦的文字，所以又被称为"卜辞"或"甲骨卜辞"，是汉语最早的成熟的文字。契就是刀刻。《诗经·大雅·緜》："爰始爰谋，爰契我

商王武丁占卜用的龟腹甲原片

龟。"郑笺："于是契灼其龟而卜之。"根据现有的资料统计，甲骨卜辞所使用的文字，共计 4 600 余字，经过广大学者近百年的考释，目前能认识的有 1 000 余字了。

　　1933 年，董作宾出版了《甲骨文断代研究例》一书，书中把甲骨文分为"五期"，即：

　　一期：小乙、武丁与以前的盘庚、小辛（二世四王，小乙、武丁是父子关系；盘庚、小辛、小乙是兄弟关系）

　　二期：祖庚、祖甲（一世二王，兄弟关系）

　　三期：廪辛、康丁（一世二王，兄弟关系）

　　四期：武乙、文丁（二世二王，父子关系）

　　五期：帝乙、帝辛（纣）（二世二王，父子关系）

五期共八世十二王，时间是公元前 1300—前 1046 年，从小辛到帝辛共 254 年。盘庚当王的时间不清楚，如果加上 20 年，就有 270 多年。这五个不同时期是根据十项标准得出的，即：世系、称谓、贞人、坑位、方国、人物、事类、文法、字形和书体。

金文是周代铸刻在青铜器上的文字。由于多铸刻在礼器鼎、簋和乐器钟、镈上面，所以又被称为"钟鼎文"。迄今为止，人们已发现青铜器铭文约 14 000 篇，其中商周金文共约 10 000 篇，春秋战国金文 3 000 余篇。据容庚先生《金文编》（第四版）著录，金文单字数共计 3 722 个，其中已识字 2 420 个，仍有 1 000 余字不认识。许慎可能见到过青铜器铭文。①

《说文》籀文是战国时期的文字。据王国维统计，《说文》共收入籀文 223 字（或说 225 字）。《说文》所收的籀文，是汉代人所见的战国文字，籀文采自今已失传的周宣王时的史官史籀所作的《史籀篇》。

《说文》古文也是战国时期的文字。据王国维统计，《说文》收入古文约 500 字（或说 510 字）②。《说文》所收的古文，是汉代人所见的战国文字，主要采自孔子后人在秦禁诗书时藏匿于墙壁中的用战国文字书写的经籍，后人叫"壁中书"，正如《说

---

① 《说文·叙》说："郡国亦往往于山川得鼎彝，其铭即前代之古文，皆自相似，虽叵复见远流，其详可得略说也。"由此可知，许慎可能见到过青铜器铭文，否则，则难以断定"其铭即前代之古文"。
② 王国维：《汉代古文考》，台北：艺文印书馆 1969 年版，第 13 页。

文·叙》云："古文，孔子壁中书也。"或来自民间所献的古文经，如河间王所得而献的《周官》、《毛诗》。

就字体而言，籀文是正体、繁体；古文是俗体、简体。籀文是周代学童的识字课本，所以字体繁而整齐端庄；古文是抄写的字，故多用民间流行的简体、俗体字。如"弃"，籀文、古文有两种字体，籀文作🀲，古文作🀲。"雷"，籀文、古文也有两种字体，籀文作🀲，古文作🀲。与其他战国文字比较，籀文与石鼓文近似，古文与陶、玺、货布文字近似。

小篆是秦统一后的文字。战国时期，六国各有本国的文字，公元前221年，秦始皇统一六国，之后大力推行"书同文"，以小篆作为标准字体统一文字，如李斯的泰山刻石就是小篆。《说文》保留下来大量的小篆字体①。但也存在疑问，2002年6月，在湖南省龙山县南部的酉水之滨里耶古城的一个枯井里，出土了36 000余枚竹简，是秦国累积十余年的官署档案，称为"里耶秦简"，字体都是秦隶，竟没有一枚竹简上写有正规的小篆。②

东汉许慎的《说文》收字9 353个，另有重出的异体字1 163个。许慎以小篆为字头，把每一个汉字列入540个部首里，用"六书"分析字形和字的本义，注上古音；有的也引用学者解说

---

① 《说文·叙》说："今叙篆文，合以古、籀。"
② 湖南省文物考古研究所：《湖南龙山县里耶战国秦汉城址及秦代简牍》，《考古》2003年第7期。李学勤：《初读里耶秦简》，《文物》2003年第1期，第73页。

或文献例证。这耗费了他大半生的精力，字字体现了汉字学的精神。如果没有《说文》，商代的甲骨文和西周的金文，会有很多我们不认识的字；有了《说文》，就等于有了过河的桥梁，通过《说文》里的古文、籀文、小篆，我们认识了更为古老的文字。所以，本书注重引用《说文》的解释。

本书释字的次序是：第一步列出甲骨文、金文、《说文》小篆字形，有的也列出《说文》古文或者籀文字形；第二步引用《说文》许慎的解释，并加评说；第三步分析字形，分析字的本义、引申义，有的也说明假借义；第四步分析文献里使用本义、引申义的例子，有的对假借义也做出解释；第五步给汉字配图，尽可能使用带有历史信息和文化信息的图画，以增强形象性。同时，作者的认识分散到五个步骤里去。本书编写的目标是：每个汉字的解释都力求准确，尽量做到知识性、科学性、趣味性相结合，对于部分存在意见分歧的汉字，少则举出两三个，多则举出七八个有代表性的看法，分析哪一个看法比较合理，也带有一些学术性。

由于作者的学识浅薄，主观上虽做了一些努力，书中的错误及不妥之处仍在所难免，敬请读者朋友批评指正。

另外，需要说明的是，因时间关系，书中部分插图未能联系上相关作者，如有疑虑，请联系暨南大学出版社，届时会以一定形式表示感谢。

目　录

一、体形与姿势

赫拉克利特曾说："最美丽的猴子与人类比起来也是丑陋的。"① 这是说，在动物界，人是最美的。人之所以最美，是因为人能制造工具并使用工具进行劳动，能够利用智慧谋取生活、创造幸福。

人体美的一个特征是比例协调：头是身高的 1/8，肩宽是身高的 1/4，平伸着两臂的宽度等于身长，两腋的宽度与臀部的宽度相等，乳房与肩胛下角在同一水平线上，大腿正面的厚度等于脸的厚度，跪下的高度减少 1/4。这是 500 年前意大利画家达·芬奇②在绘画实践中发现并表述的。人体美的另一个特征是相对对称。比如面部，是以鼻梁为中线，眉、眼、颧、耳左右各一，两侧的嘴角和牙齿也都是对称的；又比如身体，前以胸骨、背以脊柱为中线，左右乳房、肩及四肢对称。描写人体的汉字，各有各美。

---

① 北京大学哲学系、外国哲学史教研室编译：《古希腊罗马哲学》，北京：生活·读书·新知三联书店 1957 年版，第 27 页。

② 列奥纳多·达·芬奇（1452—1519），意大利画家，欧洲文艺复兴时期的代表人物。

姿势是人的身姿架势，站有站姿，坐有坐姿，卧有卧姿，跪有跪姿，各种姿势无不显示一个人的礼貌和修养。一个人的高尚和卑贱、谦虚和骄傲、智慧和愚蠢，都会部分地显示在姿势上。小时候，常听老人说，孩子"站要有站相，坐要有坐相"，意思是要站得直、坐得正。现在回忆起来，知道了这是中华民族的礼仪传统。《礼记·曲礼》说："游毋倨，立毋跛，坐毋箕，寝毋伏。"意思是走路不要显出傲慢的样子，站着不要偏用一脚而歪斜，坐着不要伸开双腿像簸箕，睡觉不能趴着。《礼记》是一部讲礼节的书，战国时期就有了。这部书里讲了很多礼节。《礼记·曲礼》还说："将即席，容毋怍。两手抠衣，去齐尺。衣毋拨，足毋蹶。"意思是将要走近就座的席位时，面色要保持不变，用两手提起衣裳，使衣裳下摆离地一尺。衣裳不要掀动，脚步不能显得急促。这是对行为动作的具体要求。到了汉代，对礼仪的讲究更为具体，长沙王太傅贾谊的《新书》中，就系统阐述了站相、坐相和行相。

我国三千年以前的甲骨文里，就有不少记录人的身姿架势的文字了。有人说"姿势改变命运"，话虽有些过头，但姿势优美的确是人体美的一个特征。

对姿势与形体及相关汉字，下面从站姿、卧姿、坐姿、屈体、倒体五个层次，解说形体，分析本义，梳理用法，逐个进行研究。

（一）站姿与相关汉字

《礼记·曲礼》说："立必正方，不倾听。"意为站立时要端端正正，不斜着身子听讲。贾谊《新书》第六卷《容经》说："固颐正视，平肩正背，臂如抱鼓。足间二寸，端面摄缨，端股整足。体不摇肘曰经立，因以微磬曰共立（恭立），因以磬折曰肃立，因以垂佩曰卑立。"①把站相分为"经立"、"恭立"、"肃立"、"卑立"四种姿势。

"经立"是冠带整齐，目视前方，肩平头正，两脚间隔二寸直立。"恭立"是上身微屈，头略低，视线下移，腰部自然微微弯曲。"肃立"是弯腰至90°，像磬的那样弯度，表示恭敬和谦虚。"卑立"也是弯腰，超过磬的弯度，表示"卑躬屈膝"。《礼记·曲礼》说："立则磬折垂佩。主佩倚，则臣佩垂；主佩垂，则臣佩委。"意思是与天子、国君相处时，站立时要让上身向前屈，达到磬折垂佩的程度。如果君主直立，腰佩倚靠着身体，那么臣子要让腰佩悬垂下来；如果君主腰佩悬垂下来，那么臣子要让腰佩垂到地上。

---

① （西汉）贾谊：《贾谊新书》，长春：时代文艺出版社 2008 年版，第82页。

人 rén　甲骨文《铁》① 191
作, 金文《般甗》作⟩②,《说
文》小篆作. 《说文·人部》:
"人, 天地之性最贵者也。此籀
文, 象臂胫之形。"③ 许慎说:
人是天地化育出来的生物中最为
高贵的。这是籀文的人字, 象形
字。像臂胫分明的侧立人形。

清朝人拱手礼

　　"人"字的本义是"能够制造和
使用工具进行劳动的人"。"人"是很早就出现的人体象形字, 甲
骨文中像人体形象的字造了很多, 早期的侧立的人形, 头、身、
臂、肘、手、指、胫、颈、脚、趾, 无一不备。后来先民用利器
在龟甲或兽骨上契刻, 线条直线多而弧线少, 把头、身、腿、颈
连成一笔弯折的线条, 把臂、手也变成一道下垂的斜线了。

---

　　① 《铁》, 即《铁云藏龟》,(清)刘鹗, 1 058 片, 1903 年。以下重复出现
的简称《铁》, 不再注释。
　　② 容庚编著, 张振林、马国权摹补:《金文编》(第四版), 北京: 中华书
局 1985 年版, 第 555 页。以下金文字形均引自该书, 不再注释。
　　③ 许慎(约58—约147 年), 东汉汝南召陵(现河南郾城县)人, 著有
《说文解字》和《五经异义》等。因他所著的《说文解字》成就高, 所以研究
《说文解字》的人, 都称许慎为"许君", 称《说文解字》为"许书", 称传其学
为"许学"。以下小篆字形均引自《说文解字》, 不再注释。

千百年来，"人"这个象形字，已从最早的图形化，经过线条化，变为今天的笔画了，这证明了文字演变的流程和一般规律。侧面站立的是"人"，正面站立的是"大"，躺着的是"尸"，跪着的是"卪"。甲骨文的"人"字，是一个侧面而立的人形，本义就是指所有人。凡是以"人"为形符的字，都与人类及其活动有关，如从、众、伐、休、伏、保等。人字形旁在汉字中没有固定的位置，既可置于左右两侧，也可放在中间。发展到隶书时，形成两种形体：一是立于左侧的"亻"，二是放在右侧的"人"。

《尔雅·释木》中有"核人"，指的是"果仁"。常常见到中医药方上写着"杏人七钱"或"枣人五钱"，指的是杏仁、枣仁。这说明"人"与"仁"两个字是可以通用的。①

体 tǐ 繁体作體。《说文》小篆作體。《说文·骨部》："体（體），总十二属也。从骨，豊声。"许慎说：体是人身十二个部分的总名。形声字，骨是形符，豊是声符。段玉裁注："首之属有三：曰顶、曰面、曰颐；身之属三：曰肩、曰脊、曰臀；手之属三：曰肽、曰臂、曰手；足之属三：曰股、曰胫、曰足。"合为十二部分。

---

① 左民安：《细说汉字：1 000个汉字的起源与演变》，北京：九州出版社2005年版，第13页。

竹雕渔翁（高 13.5 厘米）

"体"字的本义是"身体"，如《荀子·修身》："体恭敬而心忠信，术礼义而情爱人。"《孟子·告子下》："饿其体肤，空乏其身。"《韩非子·喻老》："居五日，桓侯体痛。"由"身体"引申为"四肢"，如《论语·微子》："子路问曰：'子见夫子乎？'丈人曰：'四体不勤，五谷不分，孰为夫子？'"《孟子·梁惠王上》："轻暖不足于体与？"由"身体"引申为"体态"，如《玉台新咏·古诗为焦仲卿妻作》："可怜体无比。"而《论衡》："天之与地，皆体也。"这个"体"指"实体"。沈约《宋书·谢灵运传论》："自汉至魏，四百余年，辞人才子，文体三变。"这个"体"则指"文体"，即文章的体裁。

大 dà dài　　甲骨文《佚》① 393 作 大，金文《戍嗣子鼎》作 大，《说文》小篆作 大。《说文·大部》："大，天大、地大、人亦大，故大象人形。"许慎说：天为大、

---

① 《佚》，即《殷契佚存》，商承祚，1933 年。以下重复出现的简称《佚》，不再注释。

地为大、人也为大，所以大象人形。象形字，用正面人形显示大的意思。

军士俑

"大"字的本义是"人体高大"。人形显示大，是"人为万物之灵"的缘故，也有"自以为大"的心理。"大"字，原是人体的正面形状，而用在汉字中常作部首，居于字体中间或上部，由"大"组成的字都与"人"有关，如夫、夭、夹、奔、爽。

由"人体高大"引申为"年龄大"，如《世说新语·方正》："诸葛恢大女适太尉庾亮儿。"又指品德高尚，如《左传·僖公三十二年》："吾且不以一眚掩大德。"

《战国策·秦策》："亦无大大王"中的前一个"大"是超过，意思是也没有超过大王您的。现在说的"我大你一轮"，是说我比你年长12岁，这个"大"也是超过的意思。"大夫"一词，时代不同，意义不同。秦汉以后有御史大夫、谏大夫、光禄大夫，读dà，是国君下面设立的卿、大夫、士三级官职的第二级。宋代以后称医生为大夫，读dài，一直延续至今。

在"大"字下添加符号一点造了个"太"字，是个指事字，意义与"大"字相同，如《广雅·释诂一》："后世还言，而以为形容未尽，则作太。如大宰俗作太宰。大子俗作太子，周大王俗作太王是也。"可见，早在战国时期就已经使用"太"字，而《说文》正文却没有收入，只在"泰"字下收入了古文的"太"字。

天 tiān 甲骨文一期《乙》① 9092 作**夨**，金文《毛公鼎》作**夨**，《说文》小篆作**而**。《说文·一部》："天，颠也，至高无上。从一、大。"许慎说：天是宇宙万物的首脑，地位是最高的。会意字，用一、大表示，一切事物中最大的就是天。

许慎认为天是"人头（颠）"，这是对的；认为是会意字从一、大，就不对了。"天"是"人"的象形字，不能把它拆分开来解释。甲骨文"天"与"大"字形近似，但有区别，"大"字是正面人立之形，而突出这个"大"字脑袋的就是"天"字。字形上部的头本应是圆形的，画横线或者画成方形的头，都是为了刻写的方便。

"天"的本义是人的"头"或"头顶"。"天"在甲骨文中有两种用法，其一就是用为"头顶"。如晋陶渊明诗"刑天舞干戚，

---

① 《乙》，即《小屯·殷虚文字乙编》，董作宾，1948 年上辑，1949 年中辑。以下重复出现的简称《乙》，不再注释。

猛志固常在"。《山海经·海外西经》中说，古时候有个叫刑天的人，要与天神争位，被天神砍了头，葬在常羊山下。他的理想没有实现，心有不甘，只好用双乳作眼睛，用肚脐作嘴巴，整天拿着盾和长柄斧挥舞。"刑天"的"刑"用为动词施刑、动刑，"天"就是人头，"刑天"就是被砍了头。

玉立人

由人体的最高处引申指自然界的最高处"青天"，例如，《吕氏春秋·慎行论》："天地之精也。"《孟子·公孙丑下》："天时不如地利。"汉王充《论衡·谈天》："古天与今无异。"意为古代的天与现在的天没有什么两样。《乐府诗集·杂歌谣辞·敕勒歌》："天似穹庐，笼盖四野。"唐白居易《长恨歌》："天长地久有时尽，此恨绵绵无绝期。"以上五例中的"天"都是指"青天"。而《尚书·商书·汤誓》："有夏多罪，天命殛之。"《史记·项羽本纪》："此天之亡我，非战之罪也。"晋陶渊明《归去来兮辞》："乐夫天命复奚疑。"此三例中的"天"，则是指"上天的意志或自己的命运"。

"天下"和"天涯"指的是"中国或世界"，如《孟子·公孙丑下》："天下顺之。"三国蜀诸葛亮《出师表》："今天下三分。"唐白居易《琵琶行（并序）》："同是天涯沦落人，相逢何必曾相识。"唐高适《别董大》:"天下谁人不识君。"宋范仲淹《岳阳楼记》:"先天下之忧而忧。"

古书中的"天马"多指"骏马",也有指"螳螂"的,如《吕氏春秋·仲夏》中的"天马"一词,就指"螳螂"。据《尔雅·翼》:"(螳螂)头长而身轻,其行如飞,有马之象。"

夫 fū fú 甲骨文《前》①5.32作夫,金文《大簋》作夫,《说文》小篆作夫。《说文·大部》:"夫,丈夫也。从大,一以象簪也。周制以八寸为尺,十尺为丈。人长八尺,故曰丈夫。"许慎说:夫是成年男子的通称。象形字,"大"是人,"一"是成年男子束发上面的簪子。周代规定一尺的长度略相当于后来的八寸,十尺为一丈。成年男子身高达到汉制八尺,就是周制的一丈,所以称"丈夫"。

文吏俑

---

① 《前》,即《殷虚书契前编》,罗振玉,2 229片,1913年。以下重复出现的简称《前》,不再注释。

甲骨文中大、天、夫字形近似。古时男子二十而冠，冠礼之后就可束发，挽髻加簪，表示成年。

"夫"字的本义是成年男子，读 fū，如《诗经·陈风·墓门》："夫也不良，国人知之。""夫"指那个人。《列子·汤问》："遂率子孙荷担者三夫。""三夫"就是三个成年男子。汉贾谊《论积贮疏》："一夫不耕，或受之饥。""一夫"就是一个成年男子。

男子成年要娶妻，所以引申为女子的配偶，读 fū，如《左传·僖公三十三年》："先轸朝，问秦囚。公曰：'夫人请之，吾舍之矣！'""夫人"指丈夫的妻子。《乐府诗集·陌上桑》："使君自有妇，罗敷自有夫。""夫"指丈夫。

"夫"用为指示代词"这"、"那"，读 fú，是假借，与"夫"字的本义没有关系，如《论语·先进》："夫人不言，言必有中。"唐柳宗元《捕蛇者说》："故为之说，以俟夫观人风者得焉。"宋王安石《游褒禅山记》："余亦悔其随之而不得极夫游之乐也。""夫"字也可作句首语气词，如《左传·庄公十年》："夫战，勇气也。""夫"字放在句首，表示提起议论。"夫"字还可放在句末，表示感叹，如《论语·子罕》："逝者如斯夫！"意思是那过去的岁月，就像这一去不返的流水啊！

"夫子"旧时用于称呼学者或老师，《墨子·公输》："公输盘曰：'夫子何命焉为？'"《孟子·梁惠王上》："愿夫子辅吾志，明以教我。"

夭 yāo　甲骨文《甲》① 2810 作　，金文《亚口爵》

作　，《说文》小篆作　。《说文·夭部》："夭，屈也。

从大，象形。"许慎说：夭义为屈身。象形字，从大，

像歪头的形状。

从甲骨文、金文看，"夭"字像人奔跑时两手摆动的形状，

不见歪头。篆文错变为歪头，许慎根据小篆解说，说错了。

"夭"字的字形义当是"快速奔跑"，这个用法不见文献记

载。《说文》的"屈身"义，也不见文献记载。

"夭夭"连用，文献词例的用法是形容"草木茁壮生长"，如

《尚书·禹贡》："厥草惟夭，厥木惟乔。"孔传："少长曰夭；

乔，高也。"《诗经·周南·桃夭》："桃之夭夭，灼灼其华。"夭

夭是茂盛的样子，灼灼是花开鲜艳的样子。另一用法是形容"行

动斯文和舒"，如《论语·述而》："子之燕居，申申如也；夭夭

如也。"意思是孔子闲居家里，衣冠楚楚，仪态温和，悠闲自在。

"夭"字也用为"夭折"，指"未成年死亡"，如《孟子·尽

心上》："夭寿不贰，修身以俟之。"《庄子·齐物论》："莫寿于

殇子，而彭祖为夭。"

---

① 《甲》，即《小屯·殷虚文字甲编》，董作宾，3 942 片，1948 年。以下重
复出现的简称《甲》，不再注释。

匕 bǐ 甲骨文《乙》
3729 作𣎜；金文《戎鼎》作
𣎜，《姒己觚》作𣎜；《说
文》小篆作𢎏。《说文·匕
部》："匕，相与比叙也，从
反人。匕，亦所以用比取
饭，一名柶。"许慎说：匕
同比，意思是互相比较分出
高下次序。象形字，用反写
的"人"字表示这种比较
存在于人群内部，并且
"从"字的反写就是"比"

黄杨木圆雕铁拐李像

（高 35.7 厘米）

字。匕、比读音相同。又，匕是用来舀取食物的勺匙，
是古代取食物的器具，长柄浅斗头尖，略似汤勺，又名
为"柶"。匕与这种汤勺相似。

"匕"字有三个意义：一是反写的"人"字，像人鞠躬或者
匍匐的侧身之形，是从"比"字析分出来的；二是略似汤勺，名
为柶，段玉裁注："匕即今之饭匙也"，认为是古代用来舀取食物
的长柄饭勺，如《三国志·蜀志·先主传》："先主方食，失匕
箸。"三是先祖的配偶，这是郭沫若先生的认识，郭先生认为斗

部像女阴，甲骨文、金文都用祖妣的妣字。要区别这三个意义，从字形"匕"不容易区分，要从"匕"字的上下文意注意区别。

说到"匕"字，连同"比"、"从"、"立"、"并"、"北"一起比较一下。

比 bǐ 甲骨文四期《人》① 1822 作 𝕱𝕱；金文《比簋》作 𝕱𝕱，《比盨》作 𝕱𝕱，《鬲比盨》作 𝕱𝕱；《说文》小篆作 𝕸。《说文·比部》："比，密也。二人为从，反从为比。凡比之属皆从比。𝕎，古文比。"许慎说：比就是密、亲密、亲近，引申为稠密。会意字，由两个人字组成，正写为"从"，反写为"比"，表示人与人之间侧身相并列的关系。

比，甲骨文、金文都是面朝右紧挨着的两个人，上面是头，中部是身，下面弯曲的是腿，右边是向下伸展的手臂。两个人并列挨着靠近，这是"比"字的本义。

由本义引申为多个意义。《战国策·齐策》："寡人闻之，千里而一士，是比肩而立；百世而一圣，若随踵而至也。"此例

---

① 《人》，即《京都大学人文科学研究所藏甲骨文字》，[日]贝冢茂树，1959 年。以下重复出现的简称《人》，不再注释。

的"比"字用为比肩。《周礼·夏官》："使小国事大国，大国比小国。"唐王勃《杜少府之任蜀州》："海内存知己，天涯若比邻。"此二例的"比"用作比邻。《尔雅·释地》："南方有比翼鸟焉，不比不飞，其名谓之鹣鹣。"此"比"用为比翼。《史记·天官书》："危东六星，两两相比曰司空。"此"比"用为相对。

"比"是两个人，可以相比，用为介词的"比"也就容易理解了，如"小李比小陈个高"，"现在的生活比过去好多了"。

从 cóng　繁体作從。甲骨文一期《粹》① 149 作𠂤；金文《从鼎》作𠂤，《乍从簋》作𠂤；《说文》小篆作𠂤。《说文·从部》："从，相听也，从二人。"许慎说：从为听从、顺从。会意字，以一人前一人后的两个人示意。

许慎的说法正确。"从"字的本义为"二人相随"，会意字，以一人前一人后的两个人示意。

立 lì　甲骨文《甲》820 作𡗜；金文《立鼎》作𡗜，《休盘》作𡗜；《说文》小篆作𡗜。《说文·立部》：

---

① 《粹》，即《殷契粹编》，郭沫若，1 595 片，1937 年。以下重复出现的简称《粹》，不再注释。

西汉陶女立俑

"立，住也，从大立一之上。臣铉等曰：'大，人也；一，地也。会意。'"许慎说：立是站立。会意字，以大、一表示人站在地上。

"立"字是个部首字。凡由"立"组成的字，大都与站立有关，如并（竝）、端（端正）。"大"是人体正面，"一"是地面，一个人站在地面上就是"立"。

"立"的本义是"站在地面上"，如《易·恒》："君子以立不易方。"《史记·项羽本纪》："哙遂入，披帷西向立。"

由"站立"引申为"竖立"，如宋苏轼《石钟山记》："大石侧立千尺。"而《史记·陈涉世家》"复立楚国之社稷"中的"立"是建立。汉贾谊《过秦论》"商君佐之，内立法度"中的"立"是制定。《史记·秦本纪》"庄襄王卒，子政立，是为秦始皇帝"中的"立"是即位当皇帝。《史记·项羽本纪》"立诛杀曹无伤"中的"立"则是副词，义为立刻、马上。

并 bìng 甲骨文《后下》34.3 作𢆶、𢆶，金文《中山王𰯼壶》作𢆶，《说文》小篆作𢆶。《说文·从部》："并，相从也。从从，开声。一曰：从持二为并。"许慎说：并义相从。形声字，从是形符，开是声符。另一说是会意字，从是两个人，人各持一干，即二干，表示比并的意义。

许慎的说法不妥。甲骨文、金文中的"并"是指事字，从从，表示二人，下加一横或两横表示归并的意思。

北 běi bèi　　甲骨文《粹》366 作 𣎴，金文《邶子鼎》作 𣎴，《说文》小篆作 𣎴。《说文·北部》："北，乖也。从二人相背。"许慎说：北就是违背；相背。会意字，以二人背对背表示相背的意义。

"北"字后来表示违背义写作"背"，代替了"北"，而"北"就用为表示方位的字了。

"北"字的本义是"二人相背"。

"北"字在文献中常用为"败逃"，如《韩非子·五蠹》："鲁人从君战，三战三北。"汉贾谊《过秦论》："追亡逐北，伏尸百万。"用为"面南时背对的方向"，如《史记·项羽本纪》："沛公北向坐。"也用为方位词"北方"，如宋苏轼《石钟山记》："南声函胡，北音清越。"还可以活用为动词"向北"，如宋范仲淹《岳阳楼记》："然则北通巫峡，南极潇湘。"

"兆"古同"背"，读bèi，违背、违反的意思。

夏 xià　金文《秦公簋》作🐛，《说文》小篆作𤾨。《说文·夊部》："夏，中国之人也。从夊，从頁，从𦥑。𦥑，两手；夊，两足也。"许慎说：夏义指古代中原地区的部族，相沿成为中原或中国人的称呼。会意字，以夊（zhǐ）、頁、𦥑示意，頁是头部、𦥑是两手、夊是两足。

"夏"字，头、手、脚俱全，早期金文更为形象，像一个健壮威猛的人，其本义就是华夏族的族人，如《公羊传·成公十五年》"春秋内其国而外诸夏"中的"夏"，指的就是华夏族。华夏族是汉族的前身，据说在夏后氏的时代，已经会构木为巢、钻燧取火，如《韩非子·五蠹》："构木钻燧于夏后氏。""夏"字假借为春、夏、秋、冬四季中的第二季，如《诗经·小雅·四月》："四月维夏，六月徂暑。"至于《楚辞·九章·哀郢》"曾不知夏之为丘兮"中的"夏"，则是用为"大厦"字，"丘"义是废墟。句意为竟想不到楚国郢都的大厦变成了废墟。后来，"夏"字多用于姓氏。

夹 jiā　甲骨文《佚》792作🏃，金文《夹卣》作🏃，

《说文》小篆作夾。《说文·大部》："夾，持也。从大，侠二人。"许慎说：夾字中间是个大，左边一个人，右边一个人，表示左右二人共同扶持中间一个人的意义。

"夾"字本义是"辅佐"，如《尚书·多方》："尔曷不夾介又我周王。"《礼记·檀弓》："使吾二婢子夾我。"《左传·僖公二十六年》："昔周公、太公……夾辅成王。"

"夾"这个字很有意思：从左右攻击称"夾击"；两堵墙之间称"夾缝"或"夾道"；两层的衣裳称"夾衣"；钳具称"夾子"。"夾"的繁体"夾"字左右两侧是两个"人"，"陜"的繁体"陜"字右边部分左右两侧是两个"人"，区别明显。

（二）卧姿与相关汉字

疒 nè　甲骨文《粹》126 作𤕫，一期《后下》①11.9 作𤕫，《乙》738 作𤕫；《说文》小篆作𤕫。《说文·疒部》："疒，倚也，人有疾病，象倚着之形。"许慎说：疒义是倚、靠着。象形字，人有疾病，站不住，像是依靠着什么物体。

---

① 《后下》，即《殷虚书契后编·卷下》，（清）罗振玉，1 104 片，1916 年。以下重复出现的简称《后下》，《殷虚书契后编·卷上》简称《后上》，不再注释。

　　"疒"字，甲骨文是竖写的，一边是个人，一边是张床（爿），读 pán，像床形。《玉篇》读 chuáng，但不是单纯的一张床，如果将字形翻转一下，很像是画一个人躺在床上，数点像人的身体在流出汗滴，《广韵·阳韵》中"疒，病也"，这个人很可能是个病人。它应是个会意字，本义为病人卧床休息。

　　这个字后来只作为一个"病"字头使用，如疾、痫、疽、疝、痴等字，都与疾病有关。

玉睡人

　　卧 wò　《说文》小篆作𦥊。《说文·卧部》："卧，休也。从人、臣，取其伏也。"许慎说：卧是躺着睡觉。会意字，以人、臣示意，臣是屈服的形状，似人躺着的样子。段玉裁注："卧，伏也。从人臣，取其伏也。伏，大徐作休，误。卧与寝异，寝于床，《论语》寝不尸是也。卧于几，《孟子》隐几而卧是也。卧于几，故曰伏，统言之则不别，故《宀部》云：寝者卧也。《曲礼》云：寝毋伏。则谓寝于床者，毋得俯伏也。"

"卧"字的本义是"躺着"，如宋陆游《十一月四日风雨大作》："卧听风吹雨。"以及他的《示儿》："僵卧孤村不自哀。"而唐杜牧《阿房宫赋》中"长桥卧波"，则是桥躺在水波之上，用了拟人的修辞手法。

寝 qǐn　甲骨文《戬》① 25.13 作，金文《小臣艅》作，《说文》小篆作，《说文·宀部》："寝，卧也。从宀，𡩡声。"许慎说：寝指躺卧，睡觉。形声字，宀是形符，表示睡卧之处，𡩡是声符。

金文从宀，帚声。文献中作寝，后简化作寝。"寝"字的本义是"睡，卧"，如《礼记·曲礼》："游毋倨，立毋跛，坐毋箕，寝毋伏。"意思是走路不要显出傲慢的样子，站着不要偏用一脚而歪斜，坐着不要伸开双腿像簸箕，睡觉不能趴着。《论语·公冶长》："宰予昼寝。"《公羊传·僖公二年》："寡人夜者寝而不寐。"

---

① 《戬》，即《戬寿堂所藏殷虚文字》，姬佛陀，655 片，1917 年。以下重复出现的简称《戬》，不再注释。

寝指"皇家宗庙后殿藏先人衣冠之处",如《尔雅·释宫》:"无东西厢有室曰寝。"《诗经·商颂·殷武》:"松桷有梴,旅楹有闲,寝成孔安。"意思是松木制成方椽,楹柱排列粗圆。寝庙落成神安。《周礼·官人》:"宫人掌王之六寝之修。"又指"帝王的坟墓",如"陵寝"、"寝庙"等。

(三)坐姿与相关汉字

古人的坐姿在我们今天看来是跪着的姿势。《礼记·曲礼》说:"若夫坐如尸。"意思是坐要坐得像神牌一样端正。又说:"坐不中席,行不中道,立不中门。"就是说餐饮之际不坐中间,走路之时不占中道,站立之际不堵门中。汉贾谊《新书·容经》说:"坐以经立之容,胻(héng,胫骨上部,股骨下部)不差而

足不跌,视平衡曰经坐,微俯视尊者之膝曰共坐(恭坐),仰首视不出寻常之内曰肃坐,废首低肘曰卑坐。"贾谊也把坐姿分成了相应的"经坐"、"恭坐"、"肃坐"、"卑坐"四种姿势。眼光平视的姿势是"经坐";上身微倾的姿势是"恭坐";上身挺直的姿势是"肃坐";低头垂肘的姿势是"卑坐"。

陕西临潼出土的秦代坐俑

卩 jié 甲骨文一期《乙》7280作ⁿ，四期《人》
2283作ⁿ，《说文》小篆作ⁿ。《说文·卩部》："卩，瑞
信也。守国者用玉卩，守都鄙者用角卩，使山邦者用虎
卩，士邦者用人卩，泽邦者用龙卩，门关者用符卩，货
贿用玺卩，道路用旌卩。象相合之形。"许慎说：卩是证
明身份、传达命令的信物，就
是符节。戍守国都的用玉制符
节；出使山地之国的，用铸成
虎形的符节；出使平原之国
的，用铸成人形的符节；出使
水乡之国的，用铸成龙形的符
节；主管城门、关卡的用诏符
为节；主管货物流通的官员用
旌旗作节。象形字，像符节半
分而能相合的形状。

玉人坐姿

"卩"字的本义是"人跪坐"。"卩"字的甲骨文就是双膝着
地、席地而坐的坐姿，商代人祭祀时的跪拜姿态。象形字。用为
"符节"之"节"，不是本义，是假借义。

"卩"字作部首，多立于字体右侧，也写作"卷"字的下部
之形。

　　丮 jǐ jí　　甲骨文一期《前》5.30.3 作 ，金文《沈子它簋》作 ，《说文》小篆作 。《说文·丮部》："丮，持也。象手有所丮据也。读若戟。"许慎说：丮义就是握持。象形字，像手中有所握持之形。

　　许慎的说法不妥。"丮"字作部首字，一般不单独使用。凡是由"丮"组成的汉字，大多与各种动作有关，如"埶"（读 yì），甲骨文一期《乙》802 作 。又如"孰"，甲骨文《京》①2676 作 ，《说文》篆文作 。"丮"字形，甲骨文像一个人跪坐、伸出两手抓取东西的形状，可以指做各种动作，不限于一种。

　　跪 guì　　《说文》小篆作 。《说文·足部》："跪，拜也。从足，危声。"许慎说：跪指双膝着地、腰股伸直的姿势。形声字，足是形符，危是声符。

　　"跪"字的本义是"跪拜"，如《战国策·魏策》："秦王色挠，长跪而谢之。"《后汉书·列女传》："（乐羊子）一年来归，妻跪问其故。"《说文·通训定声》："跪，两膝挂地所以拜也。"

――――――――――

　　① 《京》，即《战后京津新获甲骨集》，胡厚宣，5 642 片，1954 年（又简称京津）。以下重复出现的简称《京》，不再注释。

跽 jì 甲骨文二期《前》6.25.1作⺂，二期《存》①1.1673作⺂；《说文》小篆作𨇁。《说文·足部》："跽，长跪也。从足，忌声。"许慎说：跽是长跪，两膝着地，屁股及上身挺直。形声字，足是形符，忌是声符。

汉代跽坐仕女陶俑

"跽"字的甲骨文从止、从己，后来加上了个"心"字。从止与从足相同。

"跽"字的本义是"长跪"，如《史记·项羽本纪》："项王按剑而跽。"《史记·范雎蔡泽列传》："秦王跽而请曰：'先生何以幸教寡人？'"

"跽"与"坐"区别明显：跽是双膝着地，屁股及上身挺直；跪是双膝着地，屁股坐在脚后跟上。由坐而跽，多是表示敬意或被对方所震动，或表示警惕。现在我们遇见长者、上级或客人到来，都要从椅子上起身站起，以示敬意，这也是对"由坐而跽"的继承。

甲骨文中用为贞人名。

---

① 《存》，即《甲骨续存》，胡厚宣，3 753片，1955年。以下重复出现的简称《存》，不再注释。

（四）屈体与相关汉字

儿 ér rén　　繁体作兒。甲骨文《前》7.40 作🦴；金文《者儿觯》作🦴，《小臣儿卣》作🦴，《儿鼎》作🦴；《说文》小篆作🦴。《说文·儿部》："儿，仁人也。古文奇字人也。象形。孔子曰：'在人下，故诘屈。'"许慎说：儿是仁人，能够屈于人下。一说是人字的古文奇字。象形字，像人的形状，写法比较特殊。孔子说：仁人能处人之下，所以形体弯曲。《说文·儿部》："兒，孺子也。从儿，象小兒头囟未合。"

许慎解说，兒指小孩。象形字，下部写作儿，头部写作臼，表示小孩的脑盖骨还没有长在一起。许慎将"儿"、"兒"分为两个字解释。其实"儿"与"兒"是同一个字，"儿"是简化字，"兒"是繁体字。

"儿"字的本义是"小孩长着个大脑袋"，向左下方或右下方伸展的一笔是手臂，弯曲的一笔是身子和腿，简化字"儿"把"头"省去了。

"儿"在汉字中常居下方，单用读 ér，用为部首字读 rén。《乐府诗集·木兰诗》："阿爷无大儿，木兰无长兄。"这个"儿"

指的是男孩子。家里没有男孩子，作为女孩子的木兰女扮男装替父出征。唐元稹《莺莺传》："玉环一枚，是儿婴年所弄。"这个"儿"指的是女孩子。莺莺是女孩子，在父母面前自称"儿"。可见，古代"儿"既可称男孩，也可称女孩。现在也是这样，父母称孩子，不管男孩还是女孩，都可以说"我的儿"，显得亲切和疼爱。

勹 bāo　甲骨文三期《合集》28905 作 ，《说文》小篆作 。《说文·勹部》："勹，裹也。象人曲形，有所包裹。"许慎说：勹义就是有所包裹。象形字，像人曲身的形状，中空，表示怀中抱有东西。

包 bāo　甲骨文三期《合集》28905 作 ，四期《合集》33563 作 ；金文《牧敦》作 ，《说文》小篆作 。《说文·包部》："包，象人裹妊，巳在中，象子未成形也。"许慎说：包像妇女怀孕，"巳"（胎儿）在人的腹中，像胎儿尚未成形的样子。

"勹"字像"人曲身怀抱东西"的形状，"包"字像"妇女怀孕"的形状。"包"字广泛使用之后，"勹"就用为部首字了。《正字通·勹部》："勹，包本字。"说"勹"是"包"字的初文，现在写作"包"，本义为包裹。说"勹"是"包"的本字，不妥。甲骨文有"勹"，也有"包"。《说文》把"勹"与"包"列为两个字，"勹"在《勹部》，"包"入《包部》，可知"勹"和"包"是两个字、两个意义，不是一个字。但也有不同的解释，于省吾先生则认为"勹"的甲骨文像人侧面俯伏之形，即"伏"之初文。可备一说。

老 lǎo 甲骨文《铁》76.3作𦮃，金文《𠭯季良父壶》作𦮁，《说文》小篆作𦮂。《说文·老部》："老，考也。七十曰老。从人、毛、匕。言须发变白也。"许慎说：老就是寿考的考，指年纪大，七十岁的高龄为老，也有指五十岁以上的。会意字，以人、毛、匕表示意义，匕即化，人的头发、胡须变白即为老态。

明代青花笔筒老人拄杖图

从甲骨文来看，"老"字像"老人长发扶杖"的形状，是个象形字，不是会意字，本义为老头儿。祖先造这个老态的"老"

字，抓住了老人长发弓背、弯腰拄杖的特点。金文也强调了老人的长发，但拄拐杖的手指没了，拐杖也变了形状。篆文保留了长发弓背的特点，但手和杖已分离，并且把拐杖变作"匕"字形了。

"老"字的本义是"老人"，不论男女，如《管子·海王》："六十以上为老男，五十以上为老女。"《公羊传·宣公十二年》："使帅一二耋老而绥焉。"《国语·吴语》："有父母耆老而无昆弟者以告。"唐杜甫《石壕吏》："老妇出门看。"唐贺知章《回乡偶书》："少小离家老大回。"

古代祭祀或其他重大的典礼常由年纪老、辈分大、地位高、名望重的老人主持，因此后来便把"老"字作为对老人或他人的尊称，如"张老"、"老张"。并由此引申出"晚年"、"退休"，如"告老"。又把"老"当作"死"的讳称。如《红楼梦》第十五回："以备京里老了人口，在此停灵。"

考 kǎo 金文《沈子它簋》作考，《番生簋》作考，《井侯簋》作考，《兮仲钟》作考；《说文》小篆作考。《说文·老部》："考，老也。从老省，丂声。"许慎说：考就是年老，五十至七十岁的高龄。形声字，老省为形符，丂为声符。

《说文》以"老"解释"考",又以"考"解释"老",认为"考"、"老"是同一个字。段玉裁注:"凡言寿考者,此字之本义也。"

"考"字的本义也是"老人"。

"考"与"老"都是象形字,"老"字的拐杖本是直形的"T",而"考"的拐杖则是"J"形。这根拐杖"丂"(kǎo),后来脱离了老人,变成了既是"拐杖"的义符,又是兼表音的声符。文献中"死父"称"考",如《礼记·曲礼》:"生曰父,死曰考。"《易·蛊》:"有子考无咎。"《楚辞·离骚》:"朕皇考曰伯庸。"

用为动词,便是"敲击"的意思,如《诗经·唐风·山有枢》:"子有钟鼓,弗鼓弗考。"《庄子·天地》:"金石有声,不考不鸣。"宋苏轼《石钟山记》:"而陋者乃以斧斤考击而求之。"而汉司马迁《报任少卿书》中"略考其行事"的"考",则是"考查"的意思。

　　耋 dié　《说文》小篆作𦤶。《说文·老部》:"耋,年八十曰耋。从老省,至声。"许慎说:耋指年老,八十岁的高龄。形声字,老省为形符,至为声符。

金文右边是一个面朝左的老人,就是一个"老"字,左边是一个"至"字,既表示意义又表示读音,整个字形表示人到了老年。

"耄"字的本义指"年老",如《诗经·秦风·车邻》:"今者不乐,逝者其耋。"毛传:"耋,老也,八十曰耋。"句意是今日不及时行乐,明日空悲伤衰老。许慎解说的"年八十曰耋",可能就是根据汉人毛传的解说。而唐人杜预说的"七十曰耋",可能是不对的。

　　寿 shòu　繁体作壽。甲骨文《甲》2647作 🖊;金文《伯侯父盘》作 🖊,《善夫克鼎》作 🖊;《说文》小篆作 🖊 。《说文·老部》:"寿,久也。从老省,🖊声。"许慎说:寿义是长久,年纪大。形声字,老省为形符,🖊是声符。

"寿"字隶变作"壽",简化作"寿"。

商代甲骨文中已有"寿"字,西周簋、鼎、盘、壶等青铜器铭文里出现了各种不同形体的"寿"字,这些都是人们希望延年益寿的文字记录。金文"寿"字是上下结构,上部以一个老人的形象表意,下部是"田畴"的"畴"字的初文,是弯曲的田垄形,田垄里有两个牛蹄踩踏出来的蹄印,田垄和蹄印合起来,便成为表示田地的"畴",并用来作为"寿"字下部表音的声符。

战国时期,流行一种盖和身都为半圆球形,上盖有三圈耳,下身有三圆足的青铜制的食器，叫"敦"。《胱敦》上出现的"寿"字，下方多加了一只手，左下方多加了一个表示酒杯的"口"，表示举杯向老人献酒祝其长寿。可是，这个形声字发展到秦篆时，却把"手"简省掉，把"口"（酒器）移到字的底部去了。

由篆书变为隶书，叫"隶变"。"隶变"是古今文字发展的分水岭，也是中国文字发展史上的第一次革命。古文字变为笔画化的汉隶和汉以后的书体，很多讹变使原先的结构完全变形或失形了。

"寿"字的本义是"年纪大，长寿"，如《广韵·宥韵》："寿，寿考。"《尚书·洪范》："九、五福，一曰寿。"孔颖达疏："寿，年得长也。"《诗经·小雅·天保》："如南山之寿。"

由"年纪大"引申为"寿命"，如《字汇·土部》："寿，年齿皆曰寿。"《庄子·盗跖》说："上寿百岁，中寿八十，下寿六十。"

由"年纪大"引申指"老年人"，如《诗经·鲁颂·闷宫》："三寿作朋，如冈如陵。"毛传："寿，考也。"郑玄笺："三寿，三卿也。"即三个老年卿士。《篇海类编·人物类·士部》："寿，老年也。"

由"老年人"又引申为"祝寿"，如《史记·项羽本纪》："若入前为寿，寿毕，请以剑舞。"又"请以赵十五城为秦王寿"。

孝 xiào　金文《颂鼎》作𢼘，《曾伯陭壶》作𦱶，《邵钟》作𢼅；《说文》小篆作𡥉。《说文·老部》："孝，善侍父母者。从老省，从子。子承老也。"许慎说：孝义指孝顺，尽心奉养父母。会意字，以老省、子示意，儿子要按照老子的意愿做事。

金文的"孝"字很形象，上面像长头发，中间像弯腰驼背，下面是个小孩"子"，整个字形是一个小孩子搀扶着一个老人走路的形状，用扶侍老人来表达"善侍父母"的意义。

"孝"的意义很宽，《周书·谥法》："慈惠爱亲为孝，协时肇享为孝，五宗安之曰孝，秉德不回曰孝。"而孝的本义却很具体，指"善侍父母"；"善侍父母"的人被称为"孝子"。

华夏民族"孝"的道德观念出现得很早，《左传·文公二年》："孝，礼之始也。"而"孝"的道德观念的形成，却是商周以后的事。中国第一部诗歌总集《诗经》里说："善父母为孝，善兄弟为友。"华夏族人把听从老人的劝告和服侍老人的行动叫做"孝"。父母死后，子女穿的"丧服"称为"孝服"，如《北史·崔逞传》："后丧母，居丧，哀毁骨立。人云：'崔九作孝，风吹即倒。'"后来把反哺的乌鸦也称为"孝鸟"。我们今天"尊老敬长"的观念便是对这种"孝道"的传承。

（五）倒体与相关汉字

　　屰 nì　今作逆。甲骨文一期《合》① 150 作 ，一期《乙》8762 作 ；金文《亚屰卣》作 ，《目父癸爵》作 ；《说文》小篆作 。《说文·干部》："屰，不顺也。从干，下凵，屰之也。"许慎说：屰就是不顺。会意字，上从干，下从凵，表示干涉人下凵，凵是坎陷，但干涉人的目的却很难实现。

　　许慎说"屰"为会意字，不妥。"屰"是个象形字。

　　从甲骨文、金文看，"屰"像是一个倒写的"大"字，就是一个人倒立的形状。一个人站着是"大"字，而倒过来头朝上、脚朝下是"屰"字，是个象形字。"屰"也是"逆"的本字，后来写作"逆"，从辵，屰声，就变成形声字了。

　　"屰"字的本义是"倒"，与"顺"相对，如郦道元《水经注·江水》："水逆流百余里。"由"倒"引申为"不顺"，如《左传·文公二年》："大事于大庙，跻僖公，逆祀也。"《史记·留侯世家》："忠言逆耳利于行。"《后汉书·班超传》："恐开奸

宄之源，生逆乱之心。"

逆 nì　甲骨文一期《续》① 2.42.6 作，四期《甲》896 作；金文《逆尊》作，《陈逆簋》作；《说文》小篆作。《说文·辵部》："逆，迎也。从辵，屰声。关东曰逆，关西曰迎。"许慎说：逆就是迎接。辵是形符，屰是声符。函谷关以东的人称作逆，函谷关以西的人称作迎。

许慎说"逆"为形声字，不妥。"逆"字甲骨文、金文有两种形式：一为屰，是脚朝上、头朝下的倒人形，是个象形字；一为逆，于左边或右边增"彳"，表示大路，是个形声字。俯视这个字，前面很像是一个人走过来，下面的"止"表示一个人向前迎，"逆"字的本义应当是迎，是个会意兼形声字。

"逆"字的本义是"迎"，与"送"相对，如《左传·僖公二十三年》："晋侯逆夫人嬴氏以归。"《左传·成公十四年》："宣公如齐逆女。"《国语·晋语》："吕甥逆君于秦。""逆命"有两个含义：一是听从，如《仪礼·聘礼》："众介皆逆命，不辞。"众位将士都服从命令，并不推辞。二是不从，如《左传·昭公四

---

① 《续》，即《殷虚书契续编》，（清）罗振玉，2 016 片，1933 年。以下重复出现的简称《续》，不再注释。

年》中的"逆命"，是不服从命令。

今"逆"、"迎"二字的意义不同，"逆"用为叛逆字，"迎"用为欢迎字。

甲骨文"逆"字的用法有三：一为迎接，二为方国名，三为人名或贞人名。

二、体毛与发须

体毛是人身上的毛发。人体很多部位长有毛发，因性别、年龄、个体和种族不同，毛发的疏密、粗细也不同。一般来说头部最密，男子的毛发比女子的粗。粗硬的、色深的叫硬毛，细软的、色浅的叫毳毛。《史记·扁鹊仓公列传》："流汗者，法病内重，毛发而色泽，脉不衰，此亦内关之病也。"唐李群玉《古镜》诗："冰辉凛毛发，使我肝胆冷。"此两例中的"毛发"，就是说的人体上的毛与头发。

头发长在头顶和后脑部位，据测定约有10万根。头发细软蓬松，富有弹性，作用很大：使人增添美感和风采；保护头，夏日防晒、冬日御寒；抵挡轻微的碰撞；帮助头部汗液蒸发等。毛发也是脱落的，正常人每天掉下70至150根头发。汉司马迁《报任少卿书》："其次剔毛发婴金铁受辱。"清顾炎武《与潘次耕札》："昔有陈亮工者，与吾同居荒邨，坚守毛发，历四五年，莫不怜其志节。"这两例说的"毛发"就是头发。而汉班固《汉书·谷永传》："三者无毛发之辜，不可归咎诸舅。"汉范晔《后汉书·张奂传》："夫无毛发之劳，而欲求人丘山之用。"唐韩愈《柳子厚墓志铭》："一旦临小利害，仅如毛发比，反眼若不相识。"这三例中的"毛发",则是比喻细小、细微的东西,不是实指头发。

胡须,俗称胡子,泛指生长于男性上唇、下巴、面颊、两腮或脖子上的毛发。如果要仔细区分,"胡"本来是指长在嘴边的毛;上唇上的称为"髭",又叫"八字胡"、"八字须"、"两撇胡",粤语叫"二撇鸡";下巴上的叫"山羊胡";两鬓连至下巴的叫"络腮胡",又叫"落腮胡"、"连须胡";两颊上的叫"髯",蜷曲的叫"虬髯"(qiúrán),也作"虯髯",就是拳曲的连鬓胡须。

对体毛与发须及相关汉字,下面从体毛、头发、胡须三个层次,解说形体,分析本义,梳理用法,逐个进行研究。

(一) 体毛与相关汉字

毛 máo 金文《毛公旅鼎》作𣬉,《召伯毛鬲》作𣬉;《说文》小篆作𣬉。《说文·毛部》:"毛,眉发之属及兽毛也。象形。"许慎说:人的眉毛、头发,禽兽的毛,通称为毛。引申也称植物表面的丝状物。象形字,像毛的形状。

"毛"字的本义是"人与动物身上的毛",如《左传·僖公二十二年》："不禽二毛。"禽是擒字；二毛指头发花白的人，即老年人。《礼记·檀弓》："不获二毛。"注："二毛，鬓发斑白。"贺知章《回乡偶书》："少小离家老大回，乡音无改鬓毛衰。"这三例都指头发。《左传·僖公十四年》："皮之不存，毛将焉附?"这个毛指兽身上的毛。

由"毛"引申指"像毛的东西，指谷物或草"，如《公羊传·宣公十二年》："锡（赐）之不毛之地。"注："境埒不生五谷曰不毛。"《左传·隐公三年》："涧溪沼沚之毛。"注："草也。"《列子·汤问》："曾不能毁山之一毛。"

"毛"还是"没"的假借字，如《后汉书·冯衍传上》："饥者毛食。"意为饥饿的人没有食物吃。

所有与毛相关的字，都采用"毛"作偏旁。

尾 wěi yǐ　甲骨文《乙》4293作，《说文》小篆作屄。《说文·尾部》："尾，微也。从到毛在尸后。古人或饰系尾，西南夷亦然。"许慎

舞蹈纹彩陶盆原件①

---

①　1973年秋，在青海大通县后子河乡上孙家寨村一座马家窑类型的墓葬中出土，距今5 800—5 000年，舞者有尾饰。

说：尾指微细的尾巴。会意字，把倒写的毛字加在尸后，尸是人，倒毛表示下垂的尾巴。古人的服饰有的有系假尾的习俗，用来表示崇拜或避兽，而今西南地区少数民族仍是这样。

许慎说"尾"是会意字，不妥，"尾"是个象形字。从倒写的毛字是古代的写法，汉代的隶书就不写倒毛，写成"尾"了。

"尾"字的本义是"尾巴"。"尾巴"的"尾"有两个读音：一读 wěi，二读 yǐ。由于尾巴在尸的后面，引申为末端或边，如《列子·汤问》："运于渤海之尾。"渤海之尾就是渤海边上。宋方勺《青溪寇轨》："是我起兵已首尾期月矣。"首尾就是起初至最后。明魏学洢《核舟记》："舟尾横卧一楫。"舟尾就是舟的末端。

《左传·昭公十一年》："末大必折，尾大不掉。君所知也。"尾大是比喻下属的势力强大。而《尚书·尧典》"鸟兽孳尾"的"孳尾"，则是鸟兽交配。

（二）头发与相关汉字

髟 biāo　《说文》小篆作髟。《说文·髟部》："髟，长髪森森也。从长从彡。"许慎说：髟是长髪下垂

的样子。会意字。"彡"是毛，从彡从长，来表示髪长
披垂的意思。

"髟"的本义是"头发"，如晋潘岳《秋兴赋》："斑鬓髟以
承弁兮。"

髮 fà　简体作发。《说文》小篆作鬌。《说文·髟
部》："髮，根也。从髟，友声。𩠌，髮或从首。𩠐，古
文。"许慎说：髮是头发，人的根。人出生时头先出，
发在下，像草木的根。形声字，髟是形符，友是声符。
髮或从首，首是形符。髮或从页，页与首同义。

"髮"字的本义是"头发"，读 fà，如《大戴礼记·保傅》：
"束发而就大学。"今简化作"发"。而这个简化字"发"的繁体
也作"發"。

发 fā　繁体作發、髮。
《说文》小篆作䰔。《说文
·弓部》："发（發），射发也。
从弓，癹声。"许慎说：发义
是把箭射出去，发射。形声
字，弓是形符，癹是声符。

汉代画像石上面的图画

从甲骨文看，左下方是一只手执一长棍，上方左右各是一只脚，表示手执棍前行的意思。金文在左边增加了一张弓，表示持弓前行。小篆将手执棍变成殳，殳也是古代的一种武器，仍然是持武器前行。

"发"字的本义应是"出发"，读 fā，如《战国策·齐策》："王何不发将而击之。"唐白居易《长恨歌》："六军不发无奈何。"

引申为"射发"，如《诗经·召南·驺虞》："彼茁者葭，壹发五豝。"意思是芦苇苗壮又茂盛，射中五只公野猪。驺虞，指猎人。《诗经·小雅·宾之初筵》："发彼有的，以祈尔爵。"意思是发箭射中那靶心，你饮罚酒我暗喜。"宾之初筵"指宾客初入席时。"筵"是铺在地上的竹席。《史记·李将军列传》："其射，见敌急，非在数十步之内，度不中不发，发即应弦而倒。"《史记·孙子吴起列传》："暮见火举而俱发。"由"射发"引申指"发射的数量"，如《汉书·匈奴传》："弓一张，矢四发。"

引申为"发布"，如《左传·僖公三十三年》："遂发命，遽兴姜戎。"《孟子·梁惠王上》："今王发政施仁，使天下仕者皆立于王之朝。"由"发布"引申为"发送"，如《史记·廉颇蔺相如列传》："使人发书至赵王。"由"发送"引申为"派遣"，如《史记·项羽本纪》："吾欲发兵，使公及桓楚将。"由"派遣"引申为"征发"，如《史记·陈涉世家》："二世元年七月，发闾左谪戍渔阳，九百人屯大泽乡。"由"征发"引申为"发出"，如《孟子·告子下》："征于色，发于声，而后喻。"《战国策·魏策》："怀怒未发。"由"发出"引申为"发生"，如唐杜甫《春夜喜雨》："好雨知时节，当春乃发生。"

头发的"髮"（fà）和发射的"發"（fā），今统一简化为"发"。

鬓 bìn　《说文》小篆作鬒。《说文·髟部》："鬓，颊发也。从髟，宾声。"许慎说：鬓是脸颊边靠近耳朵的头发。形声字，髟是形符，宾是声符。

"鬓"字的本义是"脸颊边靠近耳朵的头发"，也称鬓角头发，如《国语·晋语》："美鬓长大则贤。"《黄帝内经·素问·上古天真论》："阳气衰竭于上，面焦，发鬓颁白。"唐杜甫《登高》："艰难苦恨繁霜鬓，潦倒新停浊酒杯。"唐白居易《卖炭翁》："两鬓苍苍十指黑。"唐贺知章《回乡偶书》："少小离家老大回，乡音无改鬓毛衰。"宋苏轼《江城子·密州出猎》："酒酣胸胆尚开张，鬓微霜，又何妨？"

髦 máo　《说文》小篆作髦。《说文·髟部》："髦，髮也。从髟，从毛。"许慎说：髦是细长的毛发。

许慎的说法不全面。毛是毛发，髦是长发下垂，从髟、毛，表示毛发中的细长部分。毛又是声符，是会意兼形声字。

"髦"字的本义是"毛发中的长毫"，如《山海经·南山经》："如狸而有髦。"唐玄应《一切经音义》："髦，发中毫者也。""毫"就是毛发中细长而尖的毛。由"发中长毫"比喻"英俊杰出之士"，如《诗经·大雅·思齐》："古之人无斁，誉髦斯士。"意为文王育人勤不倦，士子载誉皆俊秀。《诗经·小雅·甫田》："黍稷薿薿，攸介攸止，烝我髦士。"黍稷指谷类作物。薿薿是茂盛的样子；攸即乃，就；介即长大；止是至；烝是进献；髦士是英俊人士。整句话的意思是茂盛的谷物，等长大成熟，田官献给我。

在古代，"幼儿垂在前额的短发"被称为"髦"，如《诗经·鄘风·柏舟》："髧彼两髦，实维我仪。"注："髦者，发至眉。子事父母之饰。"髧（dàn），头发下垂状；两髦，指男子未成年时剪发齐眉。此句话的意思是头发飘垂那少年，是我相中好侣伴。

髦又指"马鬃"，即哺乳动物颈部周围生长的又长又密的毛，如《礼记·曲礼》："乘髦马。"

通"牦"，如《史记·西南夷列传》："取其……髦牛，以此巴蜀殷富。"也通"旄"，如晋张协《七命》："建云髦启雄芒。"

至于"时髦"，则是时兴的、流行的意思，如"时髦服装"。

髫 tiáo　《说文》小篆作鬝。《说文·髟部》："髫，小儿垂结也。从髟，召声。"许慎说：髫是儿童下垂的发式。形声字，髟是形符，召是声符。

"髫"字的本义是"儿童下垂的发式"，如晋陶渊明《桃花源记》："黄发垂髫，并怡然自乐。"又如"髫岁"、"髫齿"、"髫年"，都是指幼年、童年。

髻 jì　《说文》小篆作鬠。《说文·髟部》："髻，总髮也。从髟，吉声。古通用'结'。"许慎说：髻是将头发聚拢盘在头顶或脑后，也称"发结"。形声字，髟是形符，吉是声符，古时"结"字与"髻"字通用。

"髻"字的本义就是"发结"，如《乐府诗集·陌上桑》："头上倭堕髻，耳中明月珠；缃绮为下裙，紫绮为上襦。"唐许景先《折柳篇》："宝钗新梳倭堕髻，锦带交垂连理襦。"倭堕髻的发髻偏歪在头部一侧，似堕非堕，是东汉后期流行的一种发式。晋崔豹在《古今注·杂注》中说："倭堕髻，一云堕马之余形也。"

"十字髻"是古代妇女的发式，因其呈"十"字形故名。其编法是先于头顶正中将发盘成一个"十"字形的髻，再将余发在头的两侧各盘一环直垂至肩，上用簪梳固定。秦汉时期开始出现，流行于魏晋南北朝时期的贵族妇女中，至唐宋元明清，妇女的发式日趋讲究，梳髻不仅是女性的特色妆式，还与缠足一样，成为约束女性的礼教。从遗留文物我们还可以见到"堕马髻"、"倭堕髻"等发髻式样。西安草厂坡出土的北魏彩绘陶俑中，有一个身穿窄袖襦、长裙，肩披花帔的女俑，梳的就是"十字髻"。陕西西安任家坡还出土了汉代女子"堕马髻"发式。

　　长 cháng zhǎng　　繁体作長。甲骨文《林》①2.26作 𣎃，金文《长日戊鼎》作 𣎃，《说文》小篆作 𠤎。《说文·长部》："长，久远也。从兀，从匕。兀者，高远意也。久则变化。亡声。𠤎者，倒亡也。凡长之属皆从长。臣铉等曰：'倒亡，不亡也。长久之意也。'𣎃，古文长。𣎃，亦古文长。"许慎说：长是时间久，空间远。形声兼会意字，兀、匕是形符，兀是高而上平，有高远的意思。匕是"化"的初文，时间久则变化；亡是声符。𠤎是倒写的"亡"字。所有与"长"相关的字，都采用"长"作边旁。徐铉等说：倒亡，意味着不亡。不亡则是长久，所以也表示长久的意思。朱骏声谓"此字

---

　　①　《林》，即《龟甲兽骨文字》，［日］林泰辅，日本商周遗文会，大正十年（1921 年）。以下重复出现的简称《林》，不再注释。

当训发，人毛之最长者也。字象长发绵延之形，'一'以束之。从'匕'，久而色变也，与'老'同意。此字兼象形、指事、会意"。

甲骨文"长"，是个弓腰挂杖的老人独行的形状，其与"老"、"孝"二字的不同之处，主要在于老人的头发在"长"字里更被强调了，长得像被风往后吹飘的样子。头发长、年纪大、策杖行、辈分高，正是长者的形象。金文夸张了老人的头发，从两绺儿变为三绺儿、多绺儿了。《说文》附录的两个古文，略像人披长发，都由金文变来，有的笔画变错了。篆文下面的拐杖变成了"止"，上面的长发变成三横了。

"长"字的本义为"老年人"，就是年纪大、辈分高的"长者"，读 zhǎng，如《战国策·魏策》："以君为长者。"《史记·李斯列传》："始皇有二十八子，长子扶苏以数直谏上，上使监兵上郡。"由"长者"引申为"地位较高的官员"，如《史记·陈涉世家》："皆刑其长吏。"三国蜀诸葛亮《出师表》："尚书长史。"两句中的"长吏"、"长史"都是指高官。

由老年人的头发长，引申为"长短"的"长"，如屈原《九歌·国殇》："带长剑兮挟秦弓。"《战国策·齐策·冯谖客孟尝君》："长铗归来乎！食无鱼。"而《诗经·小雅·蓼莪》"父兮生我，母兮鞠我。拊我畜我，长我育我"中的"长"则是"拉扯大"的意思。整句的意思是：父亲啊生我，母亲啊养我。抚爱我培育我，拉大我教育我。

由"剑长"，引申为"距离远"，如《诗经·秦风·蒹葭》："溯洄从之，道阻且长。"《礼记·表记》："义有长短大小。"由"距离远"又引申为"时间久"，如屈原《离骚》："长太息以掩涕兮，哀民生之多艰。"《战国策·齐策》："未尝闻社稷之长利。"《乐府诗集·上邪》："我欲与君相知，长命无绝衰。"

繁体字"長"今简化为"长"。"长"字用为形容词"长短"时读 cháng，用为动词"生长"时读 zhǎng。

（三）胡须与相关汉字

而 ér　金文《子禾子釜》作𦓔，《中山王壶》作𦓔；《说文》小篆作𦓔。《说文·而部》："而，颊毛也。象毛之形。"《周礼》曰："作其鳞之而。"许慎说：而是面部两颊的胡子。象形字，像毛的形状。《周礼·考工记·梓人》说"作其鳞之而"，即此义。

"而"字的本义是"人的胡子"。"而"字俗作髵，是个象形字。顶上一横像鼻端；横下一竖像人中；竖下曲划像嘴角两边的胡子；再下面的曲划像嘴巴上的胡子。

由"人的胡子"引申称其他动物的胡子，如《周礼·考工记·梓人》说:"作其鳞之而。"戴震注:"颊侧上出者曰之,下垂者曰而,须鬣属也。""而"是下垂的胡子。

"而"字义可借为第二人称代词"你"、"你的",如《左传·定公十四年》:"而忘越王之杀而父乎?"《国语·吴语》:"子归,毁而父母之世。"《庄子·徐无鬼》:"尽于酒肉,入于鼻口矣,而何足以知其所自来?"借为连词,如唐柳宗元《捕蛇者说》:"永州之野产异蛇,黑质而白章。""而"在此表示并列关系。《荀子·劝学》:"君子博学而日参省乎己。""而"表示递进关系。《荀子·劝学》:"青,取之于蓝,而青于蓝。""而"表示转折关系。

      耏 nài　《说文》小篆作耏。《说文·而部》:"耏,罪不至髡也。从而,从彡。耐,或从寸。诸法度字从寸。"髡读 kūn。耐读 nài。许慎说:耏是古代达不到剃去头发的罪行,只剃去男子胡子的一种刑罚。会意字,从而从彡,后专用为耏刑字。耏后来写作耐,从而从寸,寸就是手,用手剃掉胡子。

许慎说"耏"是会意字,不妥,"耏"是会意兼形声字,"而"也是声符。

"耏"字的本义是"剃掉胡子的刑罚",剔去"鬓毛"也称耏,如《汉书·高帝纪》:"春,令郎中有罪耏以上,请之。"应劭注："轻罪不至于髡，完其耏鬓。故曰耏。""判刑两年以上"也称耏，如《后汉书·光武帝纪》："耏罪亡命。"应劭注："耏，轻刑之名。一岁刑为罚作，二岁刑以上为耏。"由"剃掉胡子的刑罚"引申为"人忍得住"，如《荀子·仲尼》："能耐任之则慎行此道也。"唐杜甫《兵车行》："秦兵耐苦战。"又引申为"物经得住"，如北魏贾思勰《齐民要术·种椒》："此物性不耐寒。"

髭 zī　繁体作鬜。《说文》小篆作鬜。《说文·须部》："髭，口上须也。从须，此声。臣铉等曰：'今俗别作髭，非是。'"许慎说：髭是上唇的胡须。形声字，须是形符，此是声符。徐铉等说：而今俗间另造髭字，不对。

"髭"字的本义是"上唇的胡须"，如《左传·昭公二十六年》："至于灵王，生而有髭。"《乐府诗集·陌上桑》："下担捋髭须。"

须 xū　繁体作鬚。甲骨文《乙》872作 📷；金文《觚文》作 📷，《郑义伯盨》作 📷；《说文》小篆作 📷。《说文·须部》："须，面毛也。从页，从彡。臣铉等曰：'此本须鬓之须。页，首也。彡，毛饰也。借为所须之须。俗书从水，非是。'"许慎说：须是人面部的胡须。会意字，从页、彡，表示面毛。徐铉等说：此字本是须鬟的须。页表示头，彡是毛饰，表示面毛，借为所须的须。俗间有写作从水的，不对。

"须"字金文不是会意字，是象形字，像人面部长有长毛的样子。"鬚"字出现较晚，简化作须。右边是一个人形，脸面的下部有三道弯曲的线条是胡子。早期金文图形，前人已有论说：金祥恒《续甲骨文编》释为"须"字，但未作解释。李孝定《甲骨文字集释》"疑亦须字"，引《说文》："须，颐下毛也。"又以金文须字证之，也没有多作解释。[①] 但甲骨文与金文形体不同：甲骨文作侧身，胡须偏向一方；金文作正面，胡须左右分开。而甲骨文的下面不像人，倒像"匕"、"人"字的反写，仍像人的侧立形，由于人形的侧立，所以须形不能左右具备。[②]

"须"字的本义是"胡子"，如《释名·释形体》："颐下曰须。"《礼记·礼运》："须，谓颐下之毛。"《汉书·高帝纪》："美须髯。"借为"须要"的"须"，如唐张志和《渔歌子》："和风细雨不须归。"唐李白《梦游天姥吟留别》："须行即骑访名

---

① 李孝定：《甲骨文字集释》（第九卷），台北："中央"研究院历史语言研究所 1965 年版，第 285 页。

② 于省吾：《释从天从火从人的一些古文字》，载《古文字研究》（第 15 辑），北京：中华书局 1986 年版，第 112 页。

山。"借为副词"须知"的"须",如唐杜甫《闻官军收河南河北》:"白日放歌须纵酒,青春作伴好还乡。""须臾"连用,指时间极短,如《荀子·劝学》:"不如须臾之所学也。"

"巾帼不让须眉","巾帼"代指女子;"须眉"就是胡须和眉毛,代指男子。

　　冄 rǎn 　金文《南疆钲》作𠕁,《庚壶》作𠕁,《师𡧤簋》作𠕁;《说文》小篆作𠕁。《说文·冄部》:"冄,毛冄冄也。象形。"许慎说:冄是细毛柔弱下垂的形状。象形字。像两绺毛下垂。

"冄"字的本义是"两腮的胡子"。其实,冄是髯的偏旁字,初文作冄,后来写作髯。髯就是髯字(见髯字解说)。

　　髯 rán 　异体作髥。《说文》小篆作𩑡。《说文·须部》:"髯(𩑡),颊须也。从须,从冄,冄亦声。臣铉等曰:'今俗别作髯,非是。'"许慎说:髯是人的两颊上的胡须。会意兼形声字,从须,表示胡须;冄就像髯的形状;冄也是声符。徐铉等说:而今俗间另造髯字,不对。

　　"髯"字的本义是"两腮的胡子",如《汉书·朱博传》: "奋髯抵几。"注:"颊毛也。"泛指"胡须",如"美髯公";也指"长须的人",如《三国志·蜀志·关羽传》:"羽美须髯,故亮（诸葛亮）谓之髯。"

三、头面与脖子

人体骨骼共有 206 块，分颅骨、躯干骨和四肢骨 3 部分。颅骨 29 块、躯干骨 51 块、四肢骨 126 块。

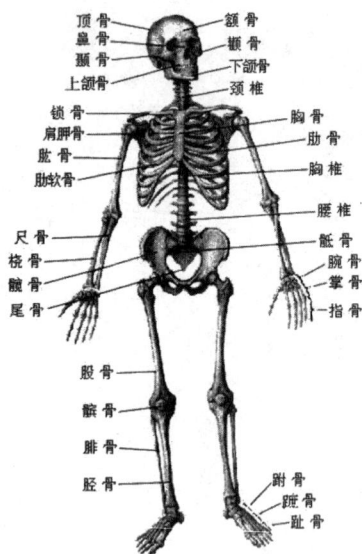

人体骨骼图

人头上方是头盖儿，呈穹隆状，成人的厚约 0.5 厘米，最厚处约1厘米，颞区最薄，仅0.2厘米，是保护大脑的骨质层。头盖儿由额骨、颞骨、顶骨、枕骨、蝶骨、筛骨组成，前方为额骨，后方为枕骨。在额、枕骨之间是左、右顶骨。两侧前方小部分为蝶骨大翼；后方大部分为颞骨鳞部。颅顶各骨之间以颅缝相接合。

人的头脑不是一株静止不动的植物，人会思考、会判断，经常处于运动和记忆状态，随着脉跳和呼吸，总是不停地思维、记忆和判断，每天能记住8 000条信息，真够勤奋的了。头脑能控制肌肉和神经，叫人随意自如，可以四处游走，可以寻觅食物，可以寻找栖身之所，也可以寻求生理需要，真够神奇的了。头脑还会依次利用已有的经验进行预测，能动地发觉人世间哪些是美的，哪些是丑的，哪些是善的，哪些是恶的，并能有效地监控事件的起因、变化、发展与结果。头脑蕴藏着意识，支配着语言，释放着智力，是生命的中枢，是人类进化的最高成就。俗话说："洗头洗脚，胜过吃药"，这是对头脑的保护。

脸，古时称"面"，现在也称"脸面"，初指两颊上部，到唐宋时指整个面部。脸部位于人体颈部以上，头部正前方。脸包括下巴、嘴、鼻、颊、眼、额。脸又指表情、面子和物体的外部等。人体最重要的形象体现在脸上，所以脸是一个人外貌特征最显著的标志，是辨认人的身份的重要根据。《国语·周语》："观其容而知其心。"是说人的面孔常常表现内心，内心喜、怒、哀、乐的色彩常常在脸上浮现出来。从这个意义上说，面孔是灵魂的镜子，照出的是思想的本质。明兰陵笑笑生说："脸如三月桃花，暗带着风情月意。"至于"脸形只不过是悬挂一生的假面具"，那又该另外说去了。

颈，也称"脖子"，头和躯干相连接的部分，颈部的作用就是把头和躯干联接起来。古时"砍头"的酷刑，就是在颈部将头和躯干斩断分离。由于颈部的联系作用，脑发出的各种指令得以传输到躯干和四肢，身体感受到的各种刺激以神经冲动的方式也可以传送到脑。在颈部，神经活动的传输通道是脊髓。颈部对于消化系统、呼吸系统和循环系统也起着通道作用，其通道分别为食道、气管和血管。据说人的脖子最先衰老，有多大岁数，数数脖子上的皱纹就可以知道。

对头面与脖子及相关汉字，下面从头颅、脸面、下巴、脖子四个层次，解说形体，分析本义，梳理用法，逐个进行研究。

（一）头颅与相关汉字

页 yè　繁体作頁。甲骨文《乙》8848作𩑋，金文《卯簋》作𩑋，《说文》小篆作𩑋。《说文·页部》："页，头也。从首，从儿。古文稽首如此。首者，稽首字也。"许慎说：页是人的头。象形字，由人的脑袋"首"和人的身体"儿"示意，像突出人的头部的形状。

古文稽首的"𦣻"字，就是从页的首，也是稽首的首字。

从甲骨文来看，页字上面像一个头 ，四不像，很模糊，既指人的头，又指动物的头，下面是一个跪着的人 ，突出人的头部。

"页"的本义是"人头"，那么"书的一页"是假借，与"页"的本义没有关系。"页"多作部首使用，如额（额头）、颧（颧骨）、须（胡须）、颈项（脖子）等字，都与人头有关。

头 tóu　繁体作頭。金文《蔡侯鼎》作 ，《说文》小篆作 。《说文·页部》："头，首也。从页，豆声。"许慎说：头就是首，人体最上面的部分。形声字，页是形符，豆是声符。

三星堆青铜像

"头"的本义是"人头"，如《史记·项羽本纪》："头发上指。"晋干宝《搜神记》："王购子头千金。"唐李白《静夜思》："举头望明月，低头思故乡。"由"人头"引申指"动物的头"，如唐白居易《卖炭翁》："系向牛头充炭直。"

　　由于"头"是人体的最上面或动物身体最前面的部分，所以引申为"顶端"或"前部"，如《徐霞客游记·游黄山记》："既登峰头。"峰头指山峰的顶端。明魏学洢《核舟记》："船头坐三人。"船头指船的前部。而宋辛弃疾《西江月》"路转溪头忽见"和宋文天祥《过零丁洋》"惶恐滩头说惶恐"两例中的"头"，则是名词后缀。

　　因为人或动物只有一个头，所以引申为计量人或牲畜的量词，如唐柳宗元《至小丘西小石潭记》："潭中鱼可百许头。"

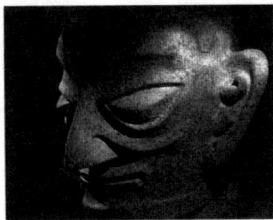

三星堆青铜像

　　首 shǒu　甲骨文《乙》3401 作 ; 金文《井侯簋》作 ，《遹簋》作 ;《说文》小篆作 。《说文·首部》："首……象发，谓之鬊，鬊即 也。"许慎说：首……象形字， 像人的头发，称作鬊，也就是头发的泛称。

　　"首"的本义是"人头"，如《诗经·卫风·伯兮》："愿言思伯，甘心首疾。"《楚辞·九歌·国殇》："首身离兮心不惩。"《战国策·燕策》："愿得将军之首以献秦。"而《楚辞·九章·哀郢》"鸟飞反故乡兮，狐死必首丘"中的"首"则是用为动

"头向着"。

由于"头"是人体最上面的部分，所以引申为"最高的"，如唐魏征《谏太宗十思疏》："凡百元首，承天景命……有善始者实繁，能克终者盖寡。"意思是所有帝王，承受上天（赋予的）大命……开头做得好的实在很多，能够贯彻到底的大概很少。"元首"即帝王，地位最高。而《尚书·秦誓》"予誓告汝群言之首"中的"首"是"最要紧的"，全句的意思是（秦穆公说）我首先告诉你们最要紧的话语。《史记·项羽本纪》："陈涉首难，豪杰蜂起。""首难"则是首先发难（起义）。

上面"页"、"头"、"首"三字，当是一个字，页像人头及身体，头像人的脑袋，首像人头及头发，只是有细微差别。用为偏旁，均表示与头有关的意义。

元 yuán　甲骨文《铁》25.2作，金文《师虎簋》作，《兀作父戊卣》作；《说文》小篆作。《说文·一部》："元，始也。从一，从兀。"徐锴曰：'元者，善之长也，故从一。'"徐锴是说：人之初，性本善，元为出生之始，是人最善良的时候，一为数目字的开始，所以字形中从一。"初始"是元的引申义，非本义。段注说"元，从一，兀声"，认为是形声字，误。元是象形字。

早期金文中的"元"字，像一个侧面而立的人形，特别突出了人的头部。这个头部的形状在甲骨文和后来的金文中简化成一横，也有在横上又另加一点的，以示头在人体中的位置。

"元"的本义是"人头"，如《左传·僖公三十三年》："狄人归其元。"就是说狄人送还了他（先轸）的人头。《左传·襄公九年》："元，体之长也。"《左传·哀公十一年》："归国子之元。"由人体最上面的部分"人头"引申为人群最高的领导者"元首"，如《尚书·益稷》："元首明哉！"就是说君主英明啊！

由"人头"引申为事情的"开头"，如《公羊传·隐公元年》："元年者何？君之始年也。"此句的意思是："元年"是什么意思呢？是君主建国的第一年。《史记·陈涉世家》："二世元年七月。"《汉书·李广苏建传》："天汉元年。"《后汉书·张衡传》："阳嘉元年。"

一年的第一个月叫"元月"，一年的第一天叫"元旦"，事情的开端叫做"元始"，所以"元"字再引申为"本来"、"原先"之义。由"开头"引申为"本来"、"原始"，如甲骨文就用作"始"，又如《易·乾》："彖曰：大哉乾元，万物资始。"《鹖冠子·王鈇》："天始於元。"汉董仲舒《春秋繁露·重政》："故元为万物之本，而人之元在焉。"

《史记·文帝本纪》："以全天下元元之民。"此例中的"元元"是"善良"的意思。《后汉书·光武帝纪》："元元秋恨。""元元"则是指"老百姓"。清康熙年间，"玄妙"被称为"元妙"（因二字读音相近），"玄色"被称为"元色"，是避康熙皇帝的讳，康熙的名字叫"玄烨"，一般人不能叫这个名字。

颠 diān 繁体作顛。《说文》小篆作𩔿。《说文·页部》："颠，顶也。从页，真声。"许慎说：颠是人的头顶。形声字，页是形符，真是声符。

"颠"字的本义是"头顶"，如《国语·齐语》："（管子曰）劝之以赏赐，纠之以刑罚，以为民纪统。班序颠毛。""颠毛"即头发，句意是用赏赐善行来引导民众，用惩罚罪恶来纠正偏差，使长幼有序，为百姓立下规矩。《后汉书·蔡邕传》"海于华颠胡老"中的"颠"也是指"头顶"。而"有车邻邻，有马白颠"（《诗经·秦风·车邻》）中的"白颠"则是指"马额头上长的白毛"。由人体最上面的部分"头顶"引申泛指"顶部"，如晋陶渊明《归园田居》："鸡鸣桑树颠。"指桑树的顶部。引申为"上下倒置"，如《诗经·齐风·东方未明》："东方未明，颠倒衣裳。颠之倒之，自公召之。"句意是东方没有亮，上衣穿到两腿上。下裳穿到胳膊上，公爷召见心慌张。

"颠"可作"蹎"的通假字，"人跌倒"或"物倒下"的意思，如《左传·宣公十五年》："杜回踬而颠。"句意是杜回被东西绊住摔倒了。《论语·季氏》："危而不持，颠而不扶。"句意是危险了不去辅佐，摔倒了不去搀扶。从字面看指"人跌倒"，实

际喻"鲁国季康子垮台"。《尚书·盘庚上》:"若颠木之有由
蘖。"句意是好像已倒下的树木又发出了新芽。"颠"又可作
"癫"的通假字,意思是"狂妄",如《尚书·盘庚中》:"颠越
不恭。"颠即狂;越即逾,超越礼法。句意是狂妄地僭越礼法,
对上命不恭敬。

　　"颠"与"沛"连用,组成"颠沛"一词,意义比较复杂,
如《诗经·大雅·荡》:"人亦有言,颠沛之揭。""颠沛之揭"
就是颠倒拔起的根露出来的意思。揭,就是揭露,指见根。句意
是人有这样的话,颠倒的树根露出土壤。《论语·里仁》:"君子
无终食之间违仁:造次必如是,颠沛必于是。"违仁即去仁;造
次,马融说是急遽,郑玄说是仓促,造次就是"仓促"二字的转
音,邢疏说,急遽、仓促,皆是迫促不暇之意;颠沛,马融注为
偃仆(扑倒)。句意是君子即使在吃一顿饭(那么短)的工夫也
不能忘掉仁义:因变乱仓促的时候是这样,因扑倒危险的时候也
是这样。

　　顶 dǐng　繁体作頂。金文《鱼鼎匕》作🔲,《说文》
籀文作🔲,《说文》小篆作🔲。《说文·页部》:"顶,颠
也。从页,丁声。"许慎说:顶就是人头的最上部,即
头顶。形声字,页是形符,丁是声符。《说文》籀文以
"鼎"为声符。

　　"顶"字的本义是人体的最高部分"头顶",与"颠"义同,如《易·大过》:"过涉灭顶。"由人体的最高部分"头顶",引申指物体的最高部分,如宋沈括《梦溪笔谈》:"山顶有大池,相传以为雁荡。"

　　囟 xìn　《说文》小篆作
囟。《说文·囟部》:"囟,头
会,脑盖也。象形。"许慎
说:囟就是囟门,也称囟脑
门,在头顶部前正中部位,是
婴儿头顶骨没有长合缝的地
方。象形字,像婴儿的头顶骨
尚未合缝的形状。

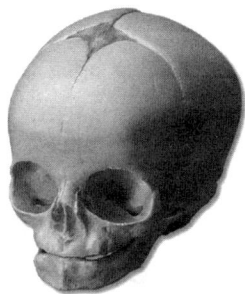

婴儿头骨

　　"囟"字的本义是"囟门",如《礼记·内则》疏说:"囟是首脑之上缝。"从表面看,出生后不久的婴儿"囟门"不明显,触摸可知"前囟"是菱形,又称额囟、囟门、囟骨;"后囟"是三角形,又称枕囟。正常情况下,"囟"应在小儿半岁至两岁内闭合。

　　"盐卤"的"卤"字,金文《兔盘》作卤,《说文》小篆作卤,像袋子里装有盐粒;"烟囱"的"囱",甲骨文《甲》278作

🜨，金文《戈父辛鼎》作🜨，《说文》小篆作🜨，像屋顶上烟囱的形状；囟像幼儿脑门。三个字的字形区别明确，意义也完全不同。

　　颅 lú　繁体作顱。《说文》小篆作顱。《说文·页部》："颅，䯏颅，首骨也。从页，卢声。"许慎说：䯏（duò 舵）颅连语，即头骨。形声字，页是形符，卢是声符。

"颅"字的本义是"脑盖"，也指"头"，如《战国策·秦策》："首身分离，暴骨草泽，头颅僵仆，相望于境。"《后汉书·马融传》："头陷颅碎。"

　　颗 kē　繁体作顆。《说文》小篆作顆。《说文·页部》："颗，小头也。从页，果声。"许慎说：颗义是头小而圆。形声兼会意字，页是形符，果是声符。又因果是草木的果实，多是圆形，像人头小而圆。

"颗"字的本义是"头小而圆"，引申指凡是小而圆的东西都可以称颗，如"一颗珠子"。金元好问《同儿辈赋未开海棠》："翠叶轻拢豆颗匀。"

颓 tuí　繁体作穨。《说文》小篆作䫜。《说文·秃部》："颓（穨），秃貌。从秃，贵声。"许慎说：颓指头发脱落，头秃的样子。引申称衰老。形声字，秃是形符，贵是声符。

"穨"又写作"頹"，简化作"颓"，以页、秃会意。可知"秃"是"颓"的本字。"颓"字的本义是"头秃"。

"颓"字用为形容词，形容"衰微"，如晋陈寿《隆中对》："汉室倾颓，奸臣窃命，主上蒙尘。"唐李白《古风五十九首》："晋风日已颓。"宋司马光《训俭示康》："风俗颓弊。"又引申为"萎靡"，如宋欧阳修《醉翁亭记》："颓然乎其间。"颓然，形容醉倒的样子。

"颓"字用为动词，有"下坠"义，如《礼记·檀弓》："泰山其颓乎？"也指"自上而下的旋风"，如《诗经·小雅·谷风》："习习谷风，维风及颓。"意思是谷口呼呼刮大风，大风旋转不停息。而北魏贾思勰《齐民要术》"（马）尻欲颓而方"中的"颓"是"斜"。意思是马的臀部要斜下，要方正。

颁 bān　繁体作頒。《说文》小篆作𩔞。《说文·页部》："颁，大头也。从页，分声。一曰：鬓也。许慎说：颁义是头大。形声字，页是形符，分是声符。

　　"颂"字的本义是"头大"，如《诗经·小雅·鱼藻》："有颂其首。"这个意义保留在文献中，现在已不用了。

　　文献中有用为"赏赐"的，如《周礼·天官·宫伯》："以时颂其衣裘。"《礼记·礼运》："颂爵位。"又用为"发布"，如《礼记·明堂位》："制礼作乐，颂度量，而天下大服。"《周礼·大史》："颂告朔于邦国。"而《孟子·梁惠王上》"颂白者不负戴于道路矣"中的"颂"则通"斑"，意为头发花白的老人。

　　颙 yóng　繁体作顒。《说文》小篆作鸍。《说文·页部》："颙，大头也。从页，禺声。《诗》曰：'其大有颙。'"许慎说：颙是大头。引申为大。形声字，页是形符，禺是声符。《诗经·小雅·六月》说"其大有颙"，就是这个意思。

　　"颙"字的本义是"大头"，如《诗经·小雅·六月》："四牡脩广，其大有颙。"引申用作"温和肃敬的样子"，如《易·观》："有孚颙若。"马注："敬也。"虞注："君德有威容貌。"《诗经·大雅·卷阿》："颙颙卬卬，如圭如璋，令闻令望。"意思是温和恭顺人仰仗，有如玉圭如玉璋，令人喜闻令人望。

　　顷 qǐng　繁体作頃。《说文》小篆作𩓣。《说文·匕部》："顷，头不正也。从匕，从页。臣铉等曰：'匕者，有所比附，不正也。'"许慎说：顷是头歪，侧向一边；引申泛指倾斜。会意字，以匕、页示意，页是头，匕表示倾斜的意思。徐铉等曰：匕就是比，有了比较，就不会正。

汉代歪头陶俑

"顷"字的本义是"头歪"。这个意义早已很少用了。由"头歪"引申指"浅筐"，如《诗经·周南·卷耳》："采采卷耳，不盈顷筐。"顷筐即浅筐。整句的意思是采了又采卷耳菜，采来采去不满筐。《诗经·召南·摽有梅》："摽有梅，顷筐塈之。"顷筐即浅筐，塈即拾取。句意是梅子纷纷落在地，提着竹筐来拾取。

用为量词，"顷"指"一百亩"，如《公羊传·宣公十五年》："凡为田一顷十二亩半。"又指"极言其广"，如宋范仲淹《岳阳楼记》："春和景明，波澜不惊；上下天光，一碧万顷。"

颇 pō 繁体作頗。《说文》小篆作𩑶。《说文·页部》："頗，头偏也。从页，皮声。"许慎说：頗是头倾向一侧。泛指偏。形声字，页是形符，皮是声符。

"颇"字的本义是"偏斜"，如《楚辞·离骚》："循绳墨而不颇。"《尚书·洪范》："无偏无颇，遵王之义。"《史记·匈奴列传》："天不颇覆，地不偏载。"由"偏斜"引申为"不公正"，如《左传·昭公二年》："君刑已颇，何以为盟主？"

"颇"用为程度副词，一表示"略微"的意思，如《史记·三代世表》："周以来乃颇可著。"《史记·贾生列传》："颇通诸子百家之书。"二表示"非常"的意思，如宋文天祥《〈指南录〉后序》："初至北营，抗辞慷慨，上下颇惊动，北亦未敢遽轻吾国。"

额 é　繁体作額。《说文》小篆作顎。《说文·页部》："额（額），颡也。从页，各声。臣铉等曰：'今俗作额。'"许慎说：额即额头，形声字，页是形符，各是声符。徐铉等说：今民间写作额。

"额"字的本义是"额头"，俗称"脑门儿"，如《汉书·卫青传》："封说为龙额侯。"

通"噩"，原意严肃，现在形容糊里糊涂，如《尚书·益稷》："禹曰：'无若丹朱傲，惟慢游是好，傲虐是作。罔昼夜额额，罔水行舟。'"罔水即无水，没有水而在陆地上行船，比喻行为违背常理。句意是不要像丹朱（尧帝之子，舜的同父异母兄弟）那样骄傲自大，喜欢游玩，暴虐无礼，整天浑浑噩噩（糊里糊涂），违背常理。

题 tí　繁体作题。《说文》
小篆作𩓣。《说文·页部》：
"题，额也。从页，是声。"
许慎说：题是额头。形声字，
额在头上，所以页是形符，是
是声符。

汉代宽额头玉人

"题"字的本义是"额头"，如《庄子·马蹄》："夫加之以
衡扼，齐之以月题。"释文引司马崔云："月题，马额上当颅如月
形者也。"《礼记·王制》："雕题交趾。"《山海经·北山经》：
"文题白身，名曰孟极。"《汉书·司马相如传》："赤眉圆题。"
《后汉书·杜笃传》："连缓耳，琐雕题。"

由于额头在人体的最上面，引申为"标签"或文章的"题
目"，如唐李白《感兴八首》："委之在深箧，蠹鱼坏其题。"唐
李白《与韩荆州书》："一经品题，便作佳士。"

颡 sǎng　繁体作颡。《说文》小篆作𩕄。《说文·
页部》："颡，额也。从页，桑声。"许慎说：颡是人的
额头。形声字，页是形符，桑是声符。

"颡"是个方言词，中原一带称额头，齐地称颡。有一种说法：古代桑树长得比较高，需要采桑人架梯子爬到上面去采桑叶。与人等高的桑树容易采摘，不用爬梯。所以古人特地为这种与人等高的桑树造了"颡"字。服装当中把面料捏进一个量，使得面料隆起的工艺处理也叫"颡"。

"颡"也是"稽颡"的省称，即叩头、磕头，如《左传·昭公二十五年》："再拜颡。"《仪礼·士丧礼》："拜稽颡。"注："头触地。"

　　脑 nǎo　繁体作腦。《说文》小篆作 。《说文·匕部》："脑（ ），头髓也。从匕；匕，相匕箸也。巛，象髮；囟，象脑形。"许慎说：脑义为头髓，也就是大脑、脑髓。会意字，从匕，匕就是比，表示聚在一起的意思。巛，像头发；囟，像脑壳。

"脑"字的本义是大脑、脑髓。 ，后作腦，简化为脑，肉是形符， 省为声符。

（二）脸面与相关汉字

　　面 miàn　　《说文》小篆作 。《说文·面部》：

"面，颜前也。从首，象人面形。"许慎解说：面就是人的脸。颜是额，自额而下，都叫面。指事字，从首以像人的头部，加一个框表示人面。

小篆字形的外框是人脸的轮廓，里边"目"是人的眼睛，现代汉语有"面目"一词。

"面"字的本义是"人的脸面"，如《周礼·擤人》："使万民和说而正王面。"《战国策·赵策》："必唾其面。"《汉书·李广苏建传》："何面目以归汉。"

用于动词"脸朝着"，如《列子·汤问》："北山愚公者，年且九十，面山而居。"《战国策·秦策》："皆西面而望大王。"唐孟浩然《过故人庄》："开轩面场圃，把酒话桑麻。"《战国策·赵策》："群臣吏民能面刺寡人之过者，受上赏。"《庄子·盗跖》："好面誉人者，亦好背而毁之。"此两例的"面"是"当面"之意。唐韩愈《南山诗》"微澜动水面"和唐白居易《钱塘湖春行》"水面初平云脚低"两例中的"面"是"表面"之意。唐柳宗元《至小丘西小石潭记》"四面竹树环合"中的"面"，则是指"方位"。

提醒注意的是：在古代，"面"与"脸"所指部位不同，最初脸指颊，就是女子的目下颊上搽胭脂的部位，现代汉语仍保留了"脸颊"一词。

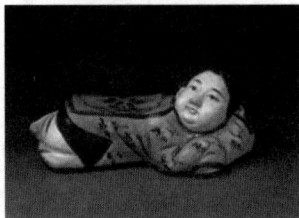

玉人，陕西历史博物馆藏

皃 mào 《说文》籀文作鶵，《说文》小篆作皃、貌。皃楷书作皃。《说文·皃部》："皃，颂仪也。从人，白象人面形。"许慎说：皃指人的容貌；仪表（面之神气曰颂，面之形状曰皃）。象形字，下面是儿，上面是白，像人的头面。

《说文》："籀文皃，从豹省。"皃是形符，豹省为声符。后来写成"貌"。《说文》小篆的"皃或从页，豹省声"，页是形符，表示人的头；豹省为声符。

"皃"字的本义是"人的容貌"，如《庄子·德充符》："子产蹴然改容更貌。"《论语·季氏》："（孔子说）：貌思恭，言思忠。"唐魏征《谏太宗十思疏》："貌恭而心不服。"宋文天祥《〈指南录〉后序》："北虽貌敬，实则愤怒。"由"人的容貌"引申为"神态"，如《说苑·脩文》："貌若男子所以恭敬，妇人之所以姣好也。"《诗经·卫风·氓》："桑之未落，其叶沃若。"宋朱熹注："沃若，润泽貌。"此"貌"义为"样子"。

通"緢"，细微的丝，如《尚书·吕刑》："简孚有众，惟貌有稽。"《说文》引作"帷緢"。

颜 yán　繁体作顔。金文《五祀卫鼎》作 🔲，《说文》小篆作 🔲。《说文·页部》："颜，眉目之间也。从页，彦声。"许慎说：颜是印堂，两眼两眉之间。形声字，颜面在头上，所以以页作形符，彦是声符。

唐代女泥俑[①]

段玉裁注："各本作眉目之间，浅人妄增字耳，今正。眉与目之间不名颜……颜为眉间，医经所谓阙，道书所谓上丹田，相书所谓中正印堂也。"以为颜专指两眉之间，"目"字是后人妄增。可供参考。

"颜"字的本义是"印堂"，引申指"面容"，如《诗经·郑风·有女同车》："有女同车，颜如舜华。"意思是有位姑娘和我坐在一辆车上，面容好像木槿花开放。而"颜色"连用，则指"脸部色彩"，如唐白居易《长恨歌》："回眸一笑百媚生，六宫粉黛无颜色。"

[①]　1972 年吐鲁番阿斯塔那 188 号墓出土。

    颊 jiá　繁体作頰。《说文》籀文作𩠲，《说文》小篆作𩑶。《说文·页部》："颊，面旁也。从页，夹声。"许慎说：颊指脸的两侧，从眼到下颌的部分。形声字，页是形符，夹是声符。

    "颊"字的本义是"人的脸面"，如唐戎昱《闺情》诗："未能开笑颊，先欲换愁魂。"由"人的脸面"引申为"辅颊"，即耳目之间，如《易·咸》："咸其辅颊舌。"虞注："耳目之间称辅颊。"由"辅颊"引申指"侧旁"，宋文同《湖桥》诗："湖桥北颊花坞，水阁西头竹村。"也指"堂内正室旁边的房间"，如宋苏轼《中和堂东南颊下瞰海门洞》诗："中和堂上东南颊，独有人间万里风。"

（三）下巴与相关汉字

    颐 yí　繁体作頤。《说文》小篆作𦣞。《说文·页部》云："颐，颔也。象形。"许慎说：颐是人的下巴。象形字。

    "颐"字的本义是"人的下巴"，如《资治通鉴·唐纪·昭宣帝天佑二年》："见朝士，皆颐指气使，旁若无人。""颐指"

是动下巴示意，指挥别人；"气使"
是用神情气色支使人，不说话而用
面部表情示意，形容有权势的人指
挥别人的傲慢态度。

用于"养"义，如《礼记·曲
礼》："百年曰期、颐。"郑玄注：
"期，犹要也；颐，养也。不知衣服
食味，孝子要尽养道而已。"唐韩愈
《闵己赋》："恶饮食乎陋巷兮，亦
足以颐神而保年。"

"期颐"指"百岁老人"，如
《礼记·曲礼》："人生十年曰幼，

玉人下巴颌骨短小

学；二十曰弱，冠；三十曰壮，有室；四十曰强，而仕；五十曰
艾，服官政；六十曰耆，指使；七十曰老，而传；八十九十曰
耄……百年曰期颐。"人生以百年为期，所以称百岁为"期颐之
年"，因此祝愿夫妇"白头偕老"，也可说"期颐偕老"。

颔 hàn　繁体作頷。《说文》小篆作頷。《说文·页
部》："頷，面黄也。从页，含声。"许慎说：頷指面色
黄。形声字，页是形符，含是声符。

"颔"字的本义是人的"下巴颏"，如《后汉书·班超传》：

"生燕颔虎颈，飞而食肉，此万里侯相也。"唐白居易《东南行》
诗："相逢应不识，满颔白髭须。"

由"下巴颔"引申为"颔首微笑"或"颔首作答"，如《左
传·襄公二十六年》："逆于门者，颔之而已。"宋欧阳修《卖油
翁》："陈康肃公尧咨善射，当世无双，公亦以此自矜。尝射于家
圃，有卖油翁释担而立，睨之，久而不去。见其发矢十中八九，
但微颔之。"末句的意思是只不过微微地点头赞许。

（四）脖子与相关汉字

领 lǐng　繁体作領。《说文》小篆作鑟。《说文·页
部》："领，项也。从页，令声。"许慎说：领是脖子。
形声字，页是形符，令是声符。段玉裁说："领，项
也。"当为"领，颈也"，指整个脖子。段说是对的。

"领"字的本义是"伸长脖子"，如《国语·楚语上》："缅
然引领南望。"由"脖子"引申为"衣服围绕脖子的部分"，如
《荀子·劝学》："若挈裘领。"

用为动词，有几个方面的意义：一是"带领"或"引导"，
如《三国志·吴主传》："各领万人，与备俱进。"二是"兼任"，
如唐柳宗元《段太尉逸事状》："五子晞为尚书，领行营节度使。"

三是"领会",如《礼记·乐记》:"领父子君臣之节。"

颈 jǐng　繁体作頸。《说文》小篆作𩓑。《说文·页部》:"颈,头茎也。从页,巠声。"许慎说:颈是支撑头的茎秆,颈项,俗称脖子。形声字,颈与头相连,所以页是形符,巠是声符。

"颈"字的本义是"脖子",如《荀子·荣辱》:"小人莫不延颈举踵而愿曰。"《韩非子·五蠹》:"折颈而死。"《史记·廉颇蔺相如列传》:"颈血溅大王。"

项 xiàng　繁体作項。《说文》小篆作𠃑。《说文·页部》:"项,头后也。从页,工声。"许慎说:项是脖子的后部。形声字,页是形符,工是声符。

"项"字的本义是"脖子",如曹植《洛神赋》:"延颈秀项,皓质呈露。"《仪礼·士冠礼》:"宾右手执项,左手执前进客。"

由于脖子只有一个,因此"项目"是单独的,不会跟其他发生联系,而"节目"却是链条式的。

现代汉语"颈项"连称,指脖子。

脰 dòu　《说文》小篆作脰。《说文·肉部》："脰,
项也。从肉,豆声。"许慎说:脰指颈项,即脖子。形
声字,肉是形符,豆是声符。

"脰"字的本义是"脖子",如"脰鸣",用颈项鸣叫。又指
"咽喉",如《释名·释形体》:"咽,咽物也。青、徐谓之脰,
物投其中受而下之也。"假借为"头",如明张溥《五人墓碑
记》:"有贤士大夫发五十金,买五人之脰而函之。"

四、眉毛与眼睛

眉毛，人体面部位于眼眶上缘的毛发。《旧唐书·酷吏传下·毛若虚》："毛若虚，绛州太平人也。眉毛覆于眼，其性残忍。"是说毛若虚眉毛长，性情残忍。但古时也有将"蛾眉"用作"佳人"代称的，如唐白居易《长恨歌》："宛转蛾眉马前死。"现在很多女性喜欢将维生素E溶液涂在眉毛上，这是让眉毛长长的方法。维生素E中含有刺激毛囊生发的特殊成分，对于眉毛、睫毛都可以使用。就是说，人的眉毛的长短，并不显示善与恶；要是那样，这么多聪明人为什么还希望眉毛长长呢！

眉毛的作用是很突出的。其一，眉毛可给人美容。如果说"眼睛是心灵的窗户"，那眉毛就是窗帘；如果说"眼睛是人生的一幅画"，那眉毛就是画框。其二，眉毛可丰富人的面部表情。双眉舒展、收拢、扬起、下垂，可反映出内心复杂的情绪，"喜上眉梢"是喜，"扬眉剑出鞘"是怒，"眉头紧锁"是愁，"眉目传情"是爱。

眼睛是人的视觉器官，孟子曰："存乎人者，莫良于眸子。眸子不能掩其恶。胸中正，则眸子了焉；胸中不正，则眸子眊焉。听其言也，观其眸子，人焉廋哉?"（《孟子·离娄上》）孟子的意思是："观察一个人，没有比观察他的眼睛更好的了。眼睛不能掩盖一个人的丑恶。心里光明，眼睛就明亮；心里阴暗，眼睛就浑浊，躲躲闪闪。所以，听一个人说话的时候，注意观察他的眼睛，他的善恶真伪能往哪里隐藏呢？"孟子一千年以后，日莲①的《妙法莲华经》说："巨人也好，诛儒也罢，其志气乃表现在一尺的脸上；一尺脸上的志气，则尽收在一寸的眼睛中。"意大利文艺复兴时期的画家达·芬奇也说了"眼睛是心灵的窗户"这样的话，不过，达·芬奇是从人物画的角度来说的。孟子、日莲、达·芬奇说的眼睛，不是由眼眶、眼角、眼珠、眼睫毛组合而成的眼睛，而是眼神、眼光。人体的其他部位可以用衣物遮住，也可以化妆，而眼神、眼光是无法为人的品行做掩饰的，无论你是如何高明的美容大师，都无法为其化妆。眼神、眼光的俊美、神秘，是无与伦比的。

　　早在约五亿年前，即眼睛出现之前，地球上没有统治者和被统治者，没有霸道和善良，各种生物在山上、地上、水里，都是自由自在地活动着的，地球是和平的。经过百万年的进化，眼睛诞生了，清晰的视觉使生物变成异常活跃的猎食者，弱肉强食，

---

　　①　日莲，生于1222年，是日本镰仓时代的僧人，12岁出家，16岁正式为僧，取名莲长。32岁时，他通过《法华经》领悟到潜藏于每个人生命里宝贵的"佛界"，并教示开启此佛界之南无《妙法莲华经》才是佛法的究极。他立宗宣言，改名为日莲，开始宗教改革。《妙法莲华经》，简称《法华经》，七卷二十八品，六万九千余字。莲华，即莲花，比喻佛法洁白、清净、完美。

一个凶残冷酷、充斥着竞争和杀戮的世界降临了。

现代交际中，眼神、眼光的功用是很大的，比如两人谈话，双方的眼神、眼光应直视对方，不能左顾右盼，谈话的内容才让人觉得是真实的；对方嘴上是怎么说的，是个表象，心里是怎么想的，只能透过对方的眼神、眼光，慢慢琢磨。

对眉毛与眼睛及相关汉字，下面从眼毛、眼睑、眼珠、眼光、眼泪、眼疾六个层次，解说形体，分析本义，梳理用法，逐个进行研究。

（一）眼毛与相关汉字

眉 méi 甲骨文一期《乙》7546 作 ，四期《存》2.847 作 ；金文《小臣逨簋》作 ，《曾伯文簋》作 ；《说文》小篆作 。《说文·眉部》："眉，目上毛也。从目。象眉之形。上象额理也。"许慎说：眉，眼睛上部的毛发。字形采用"目"作偏旁，像眉毛的形状，上部褶皱像额头的皱纹。

甲骨文像目上的眉，金文有时写作 ，省去 。《说文》篆文上部的两曲画，像额间皱纹，实际是由甲骨文变来，变错了。

"眉"字的本义是"眉毛"，如《诗经·卫风·硕人》："螓首蛾眉。"螓，蝉的一种；螓首，额广而方；蛾眉，眉细而长。句意是宽宽的额头，弯弯的眉毛。形容女子容貌美丽。《诗经·豳风·七月》："以介眉寿。"介，祀求；眉寿，长寿。句意是祀求长寿。古人认为眉毛长的人寿命也长。唐元稹《遣悲怀》诗三首之三："惟将终夜长开眼，报答平生未展眉。"诗人对妻子表白心迹：我将永远想着你，以终夜不合眼睡眠来报答你的一生愁苦。因为"眉"在头部的上面，引申指"物体的上端"，如页眉、眉批等。

"眉"也是"昧"的假借字，如甲骨文"眉日"即"昧日"，就是黎明时分。

　　睫 jié　《说文》小篆作𥊒。《说文·目部》："𥊒
　　目旁毛也。从目，夹声。"许慎说：睫是眼睫毛。形声
　　字。目是形符，夹是声符。段玉裁说："玄应曰：睫，
　　《说文》作𥊒。《释名》作䀩。"今通作睫。

"睫"字的本义是"眼睫毛"，就是眼睑边缘的细毛，它能防止灰尘、小虫等侵入眼内，也有遮蔽阳光和挡水的作用。如《史记·越世家》："吾不贵其用智之如目见毫毛而不见其睫也。"

代指"眨眼睛"，如《列子·仲尼》："矢来注眸子，而眶不

睫。"明冯梦龙《东周列国志》:"其夜月明如水,急子心念其弟,目不交睫。"

(二) 眼睑与相关汉字

睑 jiǎn 《说文》小篆作瞼。《说文·目部》:"睑,目上下睑也。从目,佥声。"许慎说:睑即上下眼皮。形声字。目是形符,佥是声符。

睚 yá 《说文》小篆作睚。《说文·目部》:"睚,目际也。从目,厓。"许慎说:睚即眼边(眼睛边框),厓也是声符,会意字。以目、厓示意。

石像怒目圆睁

"睚"字的本义是"人的眼睛边框"。

"睚眦"连用,指"发怒时瞪眼睛",喻小仇怨,如《史记·范雎蔡泽列传》:"一饭之德必偿,睚眦之怨必报。"《后汉书·公孙瓒传》:"瓒恃其才力,不恤百姓,记过忘善,睚眦必报。"

眦 zì 《说文》小篆作𥅴。《说文·目部》："眦
(眥)，目匡也。从目，此声。"许慎说：眦义是眼眶。
形声字。目是形符，此是声符。

一说"眦"是"眼角"，上下眼睑的接合处，靠近鼻子的称
"内眦"，靠近两鬓的称"外眦"。《黄帝内经·灵枢·癫狂》：
"目眦外决于面者为锐眦；在内近鼻者为内眦。上为外眦，下为
内眦。"称大眼角为内眦、大眦；称小眼角为外眦、锐眦。如
《列子·汤问》："拭眦扬眉而望之。"《黄帝内经·素问·气交变
大论》："目赤痛眦疡。"《史记·项羽本纪》："瞋目视项王，头
发上指，目眦尽裂。"

代指"眼睑"，如唐杜甫《望岳》："荡胸生层云，决眦入归
鸟。"又指"视力"，如《黄帝内经·素问·解精微论》："夫一
水不胜五火，故目眦盲。"王冰注："眦，视也。"

"睚眦"连用，也作"眦睚"，即怒目而视，借指仇怨，如宋
王谠《唐语林·雅量》："以眦睚杀之。"

眨 zhǎ 《说文》小篆作𥄂。《说文·目部》："眨，
动目也。从目，乏声。"许慎说：眨指眼皮极快地闭合
又张开。形声字。目是形符，乏是声符。

"眨"字的本义是"眼皮快速地一闭一合",如唐玄应《一切经音义》:"眨,目数开闭也。"

(三) 眼珠与相关汉字

目 mù 甲骨文一期《前》4.32.6作⟁,《甲》215作⟁;金文《目且壬爵》作⟁;《说文》古文作圓,《说文》小篆作目。《说文·目部》:"目,人眼。象形。重童子也。"许慎说:目是人的眼睛。象形字。突出了瞳子形象。

从字形看,"目"字中间的两画表示眼珠的轮廓,不是两个瞳子(瞳仁)。甲骨文中的"目"字像人的眼睛,《说文》古文外框⟁是面,⟁是眉毛,⟁是眼睛,表示眼睛在脸上的位置,在眉毛之下。小篆改成竖目,中间二画表示眼珠的轮廓。

"目"字的本义是"眼睛",如甲骨文词例就是用为"人的眼睛"。《易·小畜卦》:"舆说辐,夫妻反目。"反目,表面是翻眼相看,含义是夫妻吵架。《礼记·郊特牲》:"目者,气之清明者也。"《史记·项羽本纪》:"哙遂入,披帷西向立,瞋目视项王,头发上指,目眦尽裂。"目眦,指眼眶。眼眶瞪裂,形容愤怒至极。

由名词"眼睛"引申为动词"看",如《史记·陈涉世家》:"指目陈胜。"《史记·项羽本纪》:"范增数目项王。"而《晋书·孙惠传》"四海注目"的"目",却是目光的意思。

由于"目"的形状与网眼相似,所以"网眼"也称"目",如汉郑玄《诗谱序》:"举一纲而万目张。"意思是把网纲一提,所有的网眼都撑开了。成语有"纲举目张"。

　　眼 yǎn　　《说文》小篆作瞁。《说文·目部》:"眼,
　　目也。从目,艮声。"许慎说:眼就是人的眼睛。形声
　　字。目是形符,艮是声符。

"眼"字的本义是"眼睛",如《庄子·盗跖》:"比干剖心,子胥抉眼,忠之祸也。""抉眼"就是挖出眼珠。又如《战国策·韩策二》:"聂政大呼,所杀者数十人。因自皮面抉眼,自屠出肠,遂以死。""抉眼"犹反目,如唐杜甫《可叹》:"近者抉眼去其夫,河东女儿身姓柳。"王嗣奭释:"抉眼,犹云反目。"杜甫《新安吏》:"莫自使眼枯,收汝泪纵横。"唐杨万里《小池》"泉眼无声惜细流"中的"眼"指"洞"。而《红楼梦》"探春因一块棋受了敌,算来算去总得了两个眼"中的"眼"则是指"空心"(围棋术语,成片的白子或黑子中间的空心,在这个空心中对手不能下子)。

眸 móu　《说文》小篆作眸。《说文·目部》："眸，目童子也。从目，牟声。《说文》直作牟。"许慎说：眸即眼珠。形声字。目是形符，牟是声符。《说文》直接写作牟，是假借。

"眸"字的本义是"眼睛里面的瞳仁"，如《孟子·离娄上》："胸中正，则眸子了焉。"《淮南子·说山》："清之为明，杯水见眸子。"唐白居易《长恨歌》："回眸一笑百媚生。"由"瞳仁"泛指"眼睛"。用为动词"看"，如《荀子·大略》："非目益明也，眸而见之也。"

盼 pàn　《说文》小篆作盼。《说文·目部》："盼，《诗》曰：'美目盼兮。'从目，分声。"许慎说：盼字的意义是眼珠黑白分明（眼睛美丽）。形声字。目是形符，分是声符。许说"盼"为形声字，不妥。

"盼"字的本义是"眼珠黑白分明（眼睛美丽）"，如《诗经·卫风·硕人》："手如柔荑，肤如凝脂，领如蝤蛴，齿如瓠犀。螓首蛾眉，巧笑倩兮，美目盼兮。"句意是手指纤纤如嫩荑，皮肤白皙如凝脂，美丽脖颈像蝤蛴，牙如瓠籽白又齐。额头方正眉弯细，微微一笑酒窝妙，美目顾盼眼波俏。段玉裁依据《诗

经》上说的"白黑分也"四字，认为"盼"是会意兼形声字，
以目、分会意，是对的。

睐 lài 《说文》小篆作睐。《说文·目部》："睐，
目童子不正也。从目，来声。"许慎说：睐义是瞳仁不
正。形声字。目是形符，来是声符。

"睐"字的本义是"瞳仁不正"。引申为"向旁边看"，如三
国魏曹植《洛神赋》："丹唇外朗，皓齿内鲜，明眸善睐，靥辅承
权。"李善注："睐，旁视也。"引申为"眺望"，如南朝谢灵运
《登上戍石鼓山》："极目睐左阁，回顾眺右狭。"

"青睐"一词，指黑色的眼珠在中间，正眼看人，比喻对人
喜爱或重视，如宋王明清《春娘传》："居二年，会新守至，守与
司理有旧，司户又蒙青睐。"清黄景仁《喜郑诚斋先生归新安之
信》诗："几多青睐独垂怜，无那操铅癖未捐。"

眣 dié 甲骨文一期《戬》47.8 作，一期《存》
2.314 作，四期《人》2363 作；《说文》小篆作眣。
《说文·目部》："眣，目不正也。从目，失声。"许慎
说：眣义是眼睛不正。形声字。目是形符，失是声符。
段玉裁引何休注《公羊传》说："以目通旨曰眣。"意思

是眣为使眼色，即以目示意，目就斜视不正了。

对于"眣"字的本义，许慎说是"眼睛斜视不正"，段玉裁说是"使眼色"。段说是依据《公羊传》，但从甲骨文看，"眣"字从目、从"矢"。矢，《说文》小篆错写作"失"。《类篇》作"眰"，意思是目光散，有所思。

"眣"的本义当是"目光散，有所思"。甲骨文用为方国名。

（四）眼光与相关汉字

看 kàn 《说文》小篆作看、𥄎。《说文·目部》："看，睎也。从手下目。𥄎，看或从倝。"许慎说：看即远望。会意字。以手在目上表示意义。看或从倝。许慎认为"看"字的本义是"远望"，不妥；"倝"当是声符，不是形符。

"看"字的本义是"看见"，如《世说新语·文学》："殷中军被废东阳，始看佛经。"唐李白《送别》："看君颖上去，新月到应圆。"唐杜甫《春夜喜雨》："晓看红湿处，花重锦官城。"这是诗人杜甫的想象：春雨过后的翌日拂晓，整个锦官城（成都）里必然是一派花团锦簇、万紫千红的景象，那一朵朵湿漉漉、沉甸甸、红艳艳的鲜花，一定更惹人喜爱。

     见 jiàn　甲骨文《后下》11 作 ，金文《匽侯鼎》

作 ，《说文》小篆作 。《说文·见部》："见，视也。

从儿，从目。"许慎说：见的意义就是看见。会意字，

用目、儿表示人看见的意思。说是会意字不妥。目、儿

不能拆开会意，"见"是个象形字，画一个人张开眼睛，

表示用眼睛看。

    "见"字的本义是"看见"，如《易·乾》："见龙在田。"

《诗经·周南·汝坟》："未见君子，惄如调饥。"惄（nì）

如，饥困的样子；调通朝，早晨。句意是没有看见那位君，如同早上没

吃饭。《论语·里仁》："子曰：'见贤思齐焉，见不贤而内自省

也。'"《礼记·大学》："视而不见，听而不闻。"汉袁康《越绝

书》："故圣人见微知著，睹始知终。"由"看见"引申为"见

面"，如《诗经·王风·采葛》："一日不见，如三秋兮。"一天

不见面，好像隔了三年似的。由"会面"引申为"接见"，如

《史记·廉颇蔺相如列传》："秦王坐章台，见（蔺）相如。"由

"看见"引申为"观点"，如《晋书·王浑传》："敢陈愚见。"

    "看"可以看见，也可以被看见。所以"见"用为介词，表

示被动，如《史记·廉颇蔺相如列传》："诚恐见欺。"晋李密

《陈情表》："生孩六月，慈父见背。"句意是我生下来六个月，父亲就去世了。

　　眺 tiào　　《说文》小篆作![眺篆]。《说文·目部》："眺，目不正也。从目，兆声。"许慎说：眺的意义是目光不正。形声字。目是形符，兆是声符。

　　"眺"字的本义是"远望"，如《礼记·月令》："是月也，毋用火南方，可以居高明，可以远眺望。"《孔子家语·辨乐》："高望而远眺。""高望"就是站在高处望。

　　引申为"目光不正"，即目光斜视，如汉张衡《思玄赋》："流目眺夫衡阿兮。""流目"即转动目光。晋潘岳《射雉赋》："亵眺旁剔。"意思是横竖挑毛病。

　　望 wàng　　繁体作朢。甲骨文《甲》3122作![望甲骨]，金文《保卣》作![望金文]，《说文》小篆作![望篆]。《说文·亡部》："望，出亡在外，望其还也。从亡，朢省声。"许慎说：望义是盼望。特指出逃在外，盼望返回。形声字，亡是形符，朢省为声符。

　　《说文·壬部》："朢，月满，与日相望，以朝君也。从月，从臣，从壬；壬，朝廷也。"许慎说，朢义是满月，也指月满之时。这个时候，太阳至西方落下去，月亮从东方升起来，太阳与月亮相望。日是君，月是臣，好像臣朝见君主。会意字，以月、臣、壬表示意义；壬，借用为朝廷字。

"朢"是初文，后来写作"望"。甲骨文像画一个人站立在高处，夸张眼睛，表示远望；"目"就是"臣"。金文有的加"月"，表示"望月"，后来称"月满"；有的"朢"字省去"臣"加上声符"亡"，表示"远望"。现在都写作"望"，二字成为一个字了。《说文》保留了两个字形，说明"望"字在东汉以前就已经在使用了。

🜚，即"臣"字，人的眼睛；🜚，即"壬"字，表示人体。"望"字的本义是"远望"，《庄子·胠箧》："邻邑相望，鸡狗之音相闻。"《荀子·劝学》："吾尝跂而望矣，不如登高之博见也。"唐李白《静夜思》："举头望明月，低头思故乡。"唐陈子昂《堂弟孜墓志铭》："是以乡里长幼，望风而靡，邦国贤豪，闻名而悦服。"由"远望"引申为"盼望"，如《孟子·梁惠王上》："王如知此，则无望民之多于邻国也。"《庄子·天运》："望之而不能见也，逐之而不能及也。"《史记·项羽本纪》："日夜望将军至，岂敢反乎？"由"盼望"引申为"名望"，如《左传·昭公十二年》："吾子楚国之望也。"宋秦观《王俭论》："王谢二氏，最为望族。""望族"，旧指有声望的官僚、显贵的家族。

望指声望。

《韩非子·喻老》"扁鹊望桓侯"中的"望",义为看望。《庄子·秋水》"望洋向若而叹曰"中的"望洋"则是个叠韵联绵词,义为"仰望的样子",两个字不能分开解释。

"朔望"是农历每月的初一;"望日"即满月,是农历每月的十五;"既望"是农历每月的十六,满月的后一天。

直 zhí　甲骨文《乙》4678 作 ,金文《恒簋》作 ,《说文》古文作𥄂,《说文》小篆作直。《说文·乚部》:"直,正见也。从乚,从十,从目。徐锴曰:'乚,隐也,今十目所见是直也。'许慎说:直义是正视。会意字,乚表示隐蔽,十、目表示很多眼睛。很多眼睛看着,没有地方隐藏。徐锴说:乚是隐藏处所,如今很多眼睛看着,正是正视的意思。

甲骨文"直"是一只眼睛,上面加了一竖画,表示视线直。《说文》古文下面加"木",变成另外一个"植"字了。《说文》篆文是从金文变来,变得笔画平直了。"直"和"民"二字明显不同:"民"字金文写作 (盂鼎),像利器刺入瞳孔;而"直"的竖笔是没有刺入眼睛的。

"直"字的本义是"正视",如《仪礼·士冠礼》:"立阼阶下，直东序，西面。"由"正视"引申指"不弯曲"，与"枉"、"曲"相对，如《易·说卦》："巽为绳直。"《左传·襄公七年》："正直为正，正曲为直。"《荀子·劝学》："木直中绳，輮以为轮，其曲中规。"

由"不弯曲"引申为"正直"，如《左传·僖公二十八年》："师直为壮，曲为老。"《荀子·修身》："是谓是，非谓非，曰直。"《韩非子·五蠹》："夫君之直臣，父之暴子也。"《史记·屈原贾生列传》："屈平正道直行，竭忠尽智，以事其君。"引申为"直接"，如《史记·李将军列传》："敢独与数十骑驰，直贯胡骑。"《汉书·张良传》："有一老父，衣褐，至良所，直堕其履圯下。"

"直"是"只"的通假字，如《孟子·梁惠王上》："不可，直不百步耳。"意思是（逃跑）只是不到百步罢了，但这也是逃跑。这就是"五十步笑百步"最早的出处。《庄子·秋水》："是直用管窥天，用锥指地也，不亦小乎！"从管子里看天，喻眼光狭窄，见识短浅；以锥指地，喻学识浅陋，所知有限。而《史记·张汤传》"家产直不过五百金"中的"直"，是"值"的通假字，意思是"价值"。

（五）眼泪与相关汉字

罙 dà　古涕字。甲骨文一期《乙》3297 作 🐘 ，三期《甲》675作🐦；金文《令鼎》作🐦，《毛公旅鼎》作🐦，《井侯簋》作🐦；《说文》小篆作眔。《说文·目部》："眔，目相及也。从目，从隶省。"许慎说：眔义是目光相接。会意字。以目和隶的省文显示意义。"隶"意思是"及"，"及"是假借义，甲骨文就是借为"与及"的"及"。

"眔"是古"涕"字，本义"流眼泪"。可是"眔"字早已不使用了。郭沫若先生就金文字形说："眔象目垂涕之形，乃古涕字。"这个分析与金文相合，是正确的。

（六）眼疾与相关汉字

眇 miǎo　《说文》小篆作眇。《说文·目部》："眇，一目小也。从目，从少，少亦声。"许慎说：眇义是一只眼睛较小。会意兼形声字。以目、少会意，少是小，少也是声符。

许说"一只眼睛小"，而段玉裁依据《易·履》释义改为"小目也"，指"小眼睛"，不只是一只眼睛。

"眇"原指"一只眼睛"，如《易·履》："眇能视，跛能履。"《公羊传·成公二年》："客或跛或眇。"后指"两眼俱瞎",如《列子·仲尼》："目将眇者,先睹秋毫。"宋苏轼《日喻》："生而眇者不识日。"又指"眯着眼看",如《汉书·叙传上》："离娄眇目于豪分。"由"眯着眼看"引申为"细小,微小",如《管子·水池》："察于微眇。"《汉书·贾谊传》："起教于微眇。"

"眇"古通"渺",深、远、高的意思,如《庄子·庚桑楚》："不厌深眇而已矣。"《荀子·王制》："彼王者不然;仁眇天下,义眇天下,威眇天下。"又通"妙",微妙义,如《汉书·扬雄传》："声之眇者不可同与众人之耳。"《老子》："故恒无欲也,以观其眇。"

　　盲 máng 　《说文》小篆作盲。《说文·目部》："盲,目无牟子。从目,亡声。"许慎说:盲义是没有眼珠,泛称失明。形声字,目是形符,亡是声符。

"盲"字的本义是"眼睛失明"。"盲"字上部的亡,即"亡"字,通"无";下部的目,即"目"字,眼睛。"无目"就是没有视力,瞎,如《三国志·陈思王植传》："丁廙,好士也,即使其两目盲,尚当与女,何况但眇?"

　　由"没有视力"引申为"盲人",如《论衡·自纪》："观读之音,晓然若盲之开目。"《世说新语·排调》："盲人骑瞎马,夜半临深池。"由"瞎"引申为"色盲",即不能分辨颜色或视力弱,如《论衡·别通》:"目不见青黄曰盲。"《韩非子·解老》:"目不能决黑白之色则谓之盲。"由"视力弱"引申为"昏暗",如《荀子·赋》:"列星殒坠,旦暮晦盲。"

五、耳朵与鼻子

耳朵是听觉器官，由外耳、中耳和内耳三部分组成。人类的听觉范围比狗和蝙蝠的听觉范围要小得多。人的听觉范围到中年以后会变得越来越小，所以上了年纪的人多数听力不好。为什么有些人耳朵会动呢？人和其他动物一样，耳后有一块动耳肌，在神经支配下可以活动。只不过有的人动耳肌退化了，耳朵就不会动了。"耳不掏不聋"，掏耳朵可能会造成耳道壁的损伤，严重的会伤及中耳和内耳，致使耳聋。

鼻子是嗅觉器官，由外鼻、鼻腔和鼻窦三部分组成。人类的鼻孔里长有许多鼻毛，用鼻子呼吸，鼻毛能够挡住空气中的灰尘，净化吸入的空气。有时候，空气里的刺激性气体刺激了鼻腔里的神经组织，人就会打喷嚏，将粗粒灰尘和有害气体喷射出来。鼻子还能调节吸入空气的温度和湿度。辅助发音也是鼻子特有的功能。

对耳朵与鼻子及相关汉字，下面从耳聪、耳聋、鼻息三个层次，解说形体，分析本义，梳理用法，逐个进行研究。

（一）耳聪与相关汉字

耳 ěr　甲骨文一期《存》2.505 作 ，《铁》138.2
作 ，《后下》15.1 作 ；金文《亚耳簋》作 ，《耳
卣》作 ；《说文》小篆作 。《说文·耳部》："耳，
主听者也，象形。"许慎说：耳是人的听觉器官。象形
字，像人的耳朵。

"耳"字的本义是"耳朵"，如《荀子·君道》："耳目之明，
如是其狭也。"《魏书·崔浩传》："耳闻不如目见，吾曹目见，何
可共辨！"宋苏轼《石钟山记》："事不目见耳闻，而臆断其有无，
可乎?"明刘基《苦斋记》："忠言逆耳利于行。"

《论语·为政》："六十而耳顺。"意思是人到了六十岁，不管
听到什么话，都能分清是非、辨别真伪。"耳顺"是六十岁的代
称。"年逾花甲"的"花甲"，是指年龄超过六十岁的老人。"花
甲"的来历，是因为用干支纪年，天干与地支搭配，六十年周而
复始。

"耳"用为助词，表示语气，相当于"罢了"，如《论语·
阳货》："偃之言是也。前言戏之耳。"

聽 tīng　简体作听。金文《洹子孟姜壶》作▨，《大保簋》作▨，《辛巳簋》作▨；《说文》小篆作▨。《说文·耳部》："听，聆也。从耳、悳，壬声。"许慎说：聽义为聆听，用耳朵接受声音，细心听。形声字，以耳、悳表示耳中有所得；壬是声符。

"聽"的甲骨文、金文从耳、从口，口表示发声，耳表示听声，是个会意字。"聽"字的本义是"听声"，如《尚书·泰誓中》："天视自我民视，天听自我民听。"《尚书·大禹谟》："无稽之言勿听。"《礼记·大学》："心不在焉，视而不见，听而不闻。"

听 tīng　繁体作聽。《说文》小篆作▨。《说文·口部》："听，笑皃。从口，斤声。"许慎说：听指笑的样子。形声字，口是形符，斤是声符。

《说文》将听、聽二字分在两个部首分别解说，说明在汉代二字的区别是很清楚的。现在"听"是"聽"的简化字。

"听"字的本义是"笑的样子"，如《玉篇·口部》："听，仰鼻。"《史记·司马相如列传》："无是公听然而笑。"

闻 wén 繁体作聞。甲骨文《前》7.31 作🜋；金文《孟鼎》作🜍，《利簋》作🜏；《说文》小篆作𦖞。《说文·耳部》："闻，知闻也。从耳，门声。"许慎说：闻义是听到声音。形声字，耳是形符，门是声符。

甲骨文左边的🜋，像一个人跪坐着，左边像举手掩住一只耳朵，右边像露出另一只耳朵，表示倾耳细听的意思。"闻"的意义可以分为两类：一类表示听觉，一类表示嗅觉。

"闻"原是表示听觉的一个动词，本义是"听见"，如《礼记·大学》："心不在焉，视而不见，听而不闻。"《史记·项羽本纪》："夜闻汉军四面皆楚歌。"由"听见"引申为"听说"，如《孟子·滕文公上》："闻君行仁政。"《后汉书·列女传》："妾闻志士不饮盗泉之水。"由"听说"引申为"听说的消息"，如汉司马迁《报任少卿书》："网罗天下放失旧闻。"宋王安石《伤仲永》："前时之闻。"由"听说的消息"引申为"闻名"，如《史记·魏公子列传》："名闻天下。"三国蜀诸葛亮《出师表》："闻达于诸侯。"

用于嗅觉表示"闻味"，如《孔子家语·六本》："与善人居，如入芝兰之室，久而不闻其香，即与之化矣。"

"闻"通"问"，"闻"、"问"音同义通，所以表示"询问"，如《易·旅象》："丧牛之凶，终莫之闻也。"《诗经·大雅·云汉》："群公先正，则不我闻。"

用于名词，指"知识"或"见识"，如《庄子·秋水》："且夫我尝闻少仲尼之闻而轻伯夷之义者，始吾弗信。"《史记·屈原贾生列传》："博闻强志。"

聆 líng 《说文》小篆作聆。《说文·耳部》："聆，听也。从耳，令声。"许慎说：聆义是细心听。形声字，耳是形符，令是声符。

"聆"字的本义是"细心听"，如汉王充《论衡》："观读之者，晓然若盲之开目，聆然若聋之通耳。"汉张衡《思玄赋》："聆广乐之九奏兮。"宋苏轼《石钟山记》："得双石于潭，扣而聆之。"由"细心听"引申为"听从"，如《广雅·释诂一》："聆，从也。"

聪 cōng 繁体作聰。《说文》小篆作聰。《说文·耳部》："聪，察也。从耳，悤声。"许慎说：聪义是听而能审是非真假。形声字，耳是形符，悤是声符。

"聪"字的本义是"听而能审是非真假"，指听觉，如《诗经·王风·兔爰》："我生之初，尚无庸；我生之后，逢此百凶。

尚寐无聪。"聪就是听，意思是在我幼年那时候，人们不用服劳役；在我成年这岁月，各种灾祸来相逼。长睡但把耳塞起！《诗经·周颂·敬之》："维予小子，不聪敬止。"《尚书·洪范》："听曰聪。"《庄子·外物》："耳彻为聪。"《春秋繁露·五行五事》："听曰聪，聪者，能闻事而审其意也。"

由于"聪"有"听而能审是非真假"之意，所以引申为"聪明"、"聪慧"，如《韩非子·有度》："聪者不得用其诈。"《三国志·诸葛亮传》："瞻今已八岁，聪慧可爱。"

聂 niè　繁体作聶。《说文》小篆作聶。《说文·耳部》："聂（聶），附耳私小语也。从三耳。"许慎说：聂义是附在别人耳边悄声说话。会意字，以三耳表示自己两耳在旁，他人一耳在中、在自己的口边。

"聂"字的本义是"附在别人耳边悄声说话"，如《庄子·大宗师》："瞻明闻之聂许，聂许闻之需役。"成玄英疏："聂，登也，亦是附耳私语也。"

假借为"摄"，如《山海经·海外北经·聂耳国》："为人两手聂其耳。"

（二）耳聋与相关汉字

聊 liáo　《说文》小篆作𦕼。《说文·耳部》："聊，耳鸣也。从耳，卯声。"许慎说：聊义是耳鸣。形声字，耳是形符，卯是声符。

"聊"字的本义是"耳鸣"，如汉刘向《九叹》："横舟航而济湘兮，耳聊啾而懔慌。""聊啾"就是耳鸣。"聊"后来多用为依托、苟且、闲谈义。

用为动词"依托"，如《战国策·秦策》："百姓不聊生。"《史记·平津侯主父列传》："苦不聊生，自经于道树。"宋文天祥《〈指南录〉后序》："穷饿无聊。"

用为副词"暂且"，如《诗经·邶风·泉水》："娈彼诸姬，聊与之谋。"晋陶渊明《庚戌岁九月中于西田获早稻》："开春理常业，岁功聊可观。"宋司马光《训俭示康》："聊举数人以训汝。"

聋 lóng　繁体作聾。甲骨文《佚》234 作𦕼，金文《聾鼎》作𦕼，《说文》小篆作𦕼。《说文·耳部》："聋，无闻也。从耳，龙声。"许慎说：聋义是听不见声音或听觉迟钝。形声字，耳是形符，龙是声符。

"聋"字的本义是"听不见声音",如《左传·僖公二十四年》:"耳不听五声之和为聋,目不别五色之章为昧。"《庄子·逍遥游》:"聋者无以与乎钟鼓之声。"由"听不见声音"引申为"不明事理",如《左传·宣公十四年》:"郑昭,宋聋。"宋王安石《答曾公立书》:"一兴异论,群聋和之。""群聋",指的是犹如有耳而无闻的不明事理的人。

聩 kuì 繁体作聩。《说文》小篆作聩。《说文·耳部》:"聩,聋也。从耳,贵声。"许慎说:聩义是生下来就耳聋,先天性耳聋。形声字,耳是形符,贵是声符。

"聩"字的本义是"先天性耳聋",如《国语·晋语》:"聋聩不可使听。"由"先天性耳聋"引申为不明事理"昏聩",如唐皮日休《耳箴》:"近愚则聩。"清孔尚任《桃花扇》:"开聋启聩。"

(三) 鼻息与相关汉字

自 zì 甲骨文一期《甲》2339作𦣹,四期《粹》109作𦣷,《前》6.58作𦣹;金文《臣卿簋》作𦣹,《沈子它簋》作🔲；《说文》小篆作🔲。《说文·自部》：
"自，鼻也。象鼻形。"许慎说：自就是鼻子。象形字。
像鼻子之形。

"自"的本义是"鼻子"。甲骨文"自"上面是鼻梁，下面
是鼻孔，两侧是鼻翼，两横是鼻纹，很像鼻子；小篆由于直笔的
缘故，变得不太像了。

鼻 bí　甲骨文《前》2.18.6 作🔲，《说文》小篆作
🔲。《说文·鼻部》："鼻，引气自畀也。从自、畀。"
许慎说：鼻是吸气供养生命的器官。会意字，以自、畀
示意。

"鼻"字可看作从自，畀声。原作自，加了声旁。《说文》将
"自"、"鼻"分为两个部首，说明早在许慎生活的东汉时期，这
两个字就已经各有所司，分工十分明确了。"鼻"字的一义就是
"鼻子"。

"自"和"鼻"之间是什么关系？"自"产生早，但经常被
经典文献借为第一人称代词，后来就给"鼻子"造了个专用字
"鼻"，而"自"仍是"鼻"的本字。甲骨文词例用为专用名词
"鼻子"或用为人称代词"自己"。

由于每个人都有一个鼻子，"自"用为人称代词"自己"，如
《老子》二十四章："自见者不明，自是者不彰。"《孟子·离娄
上》："人必自侮，然后人侮之；家必自毁，而后人毁之；国必自
伐，而后人伐之。"《韩非子·五蠹》："重罚不用而民自治。"用
为介词"从"，如《易·需》："自我致寇，敬慎不败也。"用为
副词"必然地"，如汉王充《论衡》："人之死生自有长短，不在
操行善恶也。"

頞 è　《说文》小篆作𩔱。《说文·页部》："頞，
　　鼻茎也。从页，安声。"许慎说：頞是人的鼻梁。形声
　　字，鼻子长在头上，所以页是形符，安是声符。

"頞"字的本义就是人的"鼻梁"，如《黄帝内经·素问·
气厥论》："则辛頞鼻渊。"《孟子·梁惠王下》："举疾首蹙頞而
相告曰。"《黄帝内经·灵枢·经脉》："胃足阳明之脉，起于鼻之
交頞中。"张景岳："頞，音遏，鼻梁。亦名下极，即山根也。"

臭 xiù chòu　甲骨文《铁》196.3 作𤲞，《说文》小
　　篆作𤒫。《说文·犬部》："臭，禽走，臭而知其迹者，
　　犬也，从犬、从自。臣铉等曰：'自，古鼻字。犬走以
　　鼻知臭，故从自。'"许慎说：臭是嗅觉，用鼻子辨别气

味。狩猎时，禽兽逃逸，猎犬闻其气味就能追踪到它的
藏匿之处。会意字，自就是鼻子，从犬，从自，表示犬
鼻嗅觉灵敏。

"臭"字的本义是"气味"，名词，读 xiù，如《诗经·大
雅·文王》："上天之载，无声无臭。"意思是上天行事总是这样，
没声音、没气味可辨。也指"香味"，如《易·系辞传》："二人
同心，其利断金；同心之言，其臭如兰。"

用为难闻的气味"臭味"，是形容词，读 chòu，如《国语·
晋语》："惠公改葬申生，臭彻于外。"

用为动词时，现在写作"嗅"。

鼾 hān   《说文》小篆作鼾。《说文·鼻部》："鼾，
卧息也。从鼻，干声。"许慎说：鼾义是熟睡时粗重的
鼻息声。形声字，鼻是形符，干是声符。

"鼾"字的本义是"熟睡时粗重的鼻息声"，如明魏禧《大
铁椎传》："鼾睡床上。"明末清初林嗣环《口技》："未几，夫鼾
声起。"

息 xī   金文《中山王壶》作息，《说文》小篆作息。

《说文·心部》："息，喘也。从心，从自，自亦声。"许慎说：息是喘气呼吸时进出的气息。会意兼形声字，从心、从自，自是鼻子，表示心气自鼻出为息，古人把心肺功能混同。心气实际是肺气；自又是声符。

"息"字的本义是"气息"，即出入气，如《汉书·扬雄传》："尚不敢惕息。"注："出入气也。"《汉书·司马迁传》："则心惕息。"注："喘息也。"《汉书·苏武传》："武气绝，半日复息。"由"气息"引申为"叹息"，如《列子·汤问》："北山愚公长息。"《战国策·齐策》："闵王太息。"注："长出气也。"

由于"出入气"是生命的表现，不能停止，所以引申为"停止"，如《易·乾卦》："天行健，君子以自强不息。"《易·坤卦》："地势坤，君子以厚德载物。"句意是大自然的运动劲健有规律，君子应坚毅图强不停止；大地的气势厚实而和顺，君子应增厚美德以容载万物。《左传·昭公八年》："臣必致死礼以息楚。""息楚"即止楚。唐杜甫《羌村三首》："兵革既未息，儿童尽东征。""未息"就是没有停止。由"停止"引申为"安"，如《礼记·檀弓》："细人之爱人也以姑息。"注："（息），犹安也。""姑息"是苟且求安，指无原则地宽恕别人，与"体谅"（理解和原谅）不同。由"安"引申为"休息"，如《诗经·大雅·民劳》："民亦劳止，汔可小息。"而前一章则是："民亦劳止，汔可小休。"可知"息"即休息。《玉台新咏·古诗为焦仲卿妻作》："鸡鸣入机织，夜夜不得息。"这个"息"也是休息。

"息"还有"消除"的意思，如《韩非子·五蠹》："息子贡之志。"

"息"通"熄"，熄灭，如《易·革》："象曰：革，水火相息。"《庄子·逍遥游》："日月出矣，而爝火不息；其于光也，不亦难乎！"成玄英疏："爝（jué）火，犹炬火也，亦小火也。"

      嚏 tì 《说文》小篆作嚔。《说文·口部》："嚏，悟解气也。从口，疐声。《诗》曰：愿言则嚏。"许慎说：嚏指打喷嚏，是鼻黏膜受到刺激而引起的一种猛烈带声的喷气现象。形声字，口是形符，疐是声符。

"嚏"字的本义指"打喷嚏"。

《诗经·邶风·终风》："寤言不寐，愿言则嚏。"意思是长夜醒着难入睡，想他不住打喷嚏。这是古代一种迷信的托词，实际并不存在这种现象。

六、牙齿与口舌

　　牙齿呈白色，质地坚硬，主要用于咀嚼食物、帮助发音。甲骨文里已有"牙"、"齿"二字，古时"牙"字的本义是"臼齿"，俗称"腮牙"，"齿"字的本义是"门牙"。而《现代汉语词典》的解释是："人和高等动物咬切、咀嚼食物的器官，由坚固的骨组织和釉质构成。人的牙按部位和形状的不同，分为切牙、尖牙、前磨牙、磨牙，通称牙齿，也叫齿。"牙和齿不再区分了。

　　每个人有 32 颗恒牙，真正行使功能的牙齿有 28 颗。当牙脱落一两颗时，并不会影响全身健康，但牙齿逐渐脱落剩下不到 20 颗时，就开始影响身体多个系统的功能。此时，如果将脱落的牙齿及时修复好，口腔中保持 20 颗以上有功能的牙齿，人的衰老速度会减慢下来，有利于延长人的寿命。这是因为人的牙齿如果少于 20 颗，食物就得不到充分咀嚼，从而影响消化功能，说话发音会受到不良影响，容貌也会显得苍老，对人的心理会产生负面影响。另外，牙齿还是体内重要的平衡器官，人的许多体力活动和注意力集中的脑力劳动都需要牙齿咬合来配合。牙齿少于 20 颗时，人的平衡机能受到影响，容易出现行动失误、摔倒等现象。

　　人的一生有两副牙齿，即乳牙和恒牙。婴儿的牙齿叫乳牙，一般在出生 6 ~ 8 个月时开始出牙，两岁左右基本出齐，共 20 颗。到六七岁时乳牙开始松动，先后脱落，逐渐换上恒牙，13 岁左右换牙完毕，这时候一般有 28 颗。到 20 岁左右有的人还会长智齿，最多 4 颗，有的只有 3 颗、2 颗、1 颗，或者根本就没有。

牙齿不仅能咀嚼食物、帮助发音，而且对面容有很大影响。正是由于牙齿和牙槽骨的支持，牙弓形态和咬合关系正常，才使人的面部和唇颊部都很丰满。而当人们讲话和微笑时，整齐而洁白的牙齿，更能显现人的健康和美丽。相反，如果牙弓发育不正常，牙齿排列紊乱、参差不齐，面容就会显得不协调。如果牙齿缺失太多，唇颊部失去支持而凹陷，就会使人的面容显得苍老和消瘦。所以，人们常把牙齿作为衡量健美的重要标志之一。"牙齿好，胃口也好"，是说人如果有一副好牙，则不仅想吃、能吃，而且能多吃。

"口"，俗称"嘴"，是人和动物吃东西和发声的器官。会说话，是生物进化的终极成就。以人类来说，先有意识，而后使用表意符号发声，传达信息，嘴口扮演了其他器官不能替代的角色。

舌头是口腔底部向口腔内突起的器官，由平滑肌组成，人类全身上下最强韧有力的肌肉就是舌头。舌的主要功能为味觉，另外还有吸吮、舔食、搅拌食物和帮助吞咽等功能，人类的舌还是语言的重要器官。食肉目的舌上有倒刺状突起，可舔净附于骨骼上的碎肉。食蚁兽和穿山甲的舌可伸出体外很长，并可分泌黏液，能大量黏食蚁类。

对牙齿、口与舌及相关汉字，下面从牙齿、唇舌、嘴口、喉咙、进食五个层次，解说形体，分析本义，梳理用法，逐个进行研究。

（一）牙齿与相关汉字

牙 yá 甲骨文没有"牙"字，金文《师克盨》作 ㄅ、ㄨ、ㄗ、ㄅ，《说文》古文作 ，《说文》小篆作 ㄅ。《说文》："牙，牡齿也。象上下相错之形。"许慎说：牙即牡齿，就是大牙。像上下交错的形状。《说文》古文表意更为形象，以"臼"状的 表示牙为白齿。

"牙"字的本义是"臼齿"，俗称腮牙，如《诗经·召南·行露》："谁谓鼠无牙？何以穿我墉？"《左传·隐公五年》："皮草齿牙。"引申为"牙状物"，如唐杜牧《阿房宫赋》："檐牙高啄。"而"牙口"这个词有两个意义：一是指老年人牙齿的咀嚼力；一是指牲口的年龄。

齿 chǐ 繁体作齒。甲骨文一期《人》454 作 ，《前》4.4 作 ；金文《中山王厝壶》作 ；《说文》古文作 ；《说文》小篆作 。《说文·齿部》："齿，口龈骨也。象口齿之形，止声。"许慎说：齿就是口腔中上下相对的门牙。甲骨文像张口露齿的形状，图画性较强。甲骨文、金文是象形字，中山王厝壶上的"齿"字增加了"止"，成为形声字。

"齿"字的本义是"门牙"，如甲骨文用为"牙齿"。《大戴礼记·易本命》："男以八月而生齿，八岁而龀，女七月生齿，七岁而龀。"《黄帝内经·素问·上古天真论》："发堕齿槁。"由"门牙"引申为"年龄"，如《左传·昭公二十年》："子之齿长矣，不能事人。"《礼记·文王世子》："古者谓年龄，齿亦龄也。"唐柳宗元《捕蛇者说》："退而甘食其土之有，以尽吾齿。"

牙齿可辅助人的嘴说话，引申为"闲话"，如唐柳宗元《答韦中立论师道书》："平居望外遭齿舌不少，独久为人师耳。""齿冷"，起初是牙齿受凉，后来变成"耻笑"的意思了。

牙齿按一定次序排列，由此"齿"引申为"次序"，如《庄子·天下》："百官以此相齿。"百官要依照这个次序排列。又可以引申为"齿状物"，如《尚书·禹贡》："齿革羽毛。"

　　龋 qǔ　繁体作齲。《说文》小篆作齲。《说文·牙部》："齲，齿蠹也。从牙，禹声。"许慎说：齲是蛀牙。形声字，牙是形符，禹是声符。

龋本是象形字，甲骨文作🐛、🐛，像牙齿里面有虫，指牙被虫蛀，就是人们常说的"蛀牙"，或叫"虫牙"、"虫吃牙"。甲骨文字形正像齿内有虫子的形状；实际上是由于口腔不清洁，牙齿被酸性物质腐蚀形成的空洞。古代医学不发达，是古人认识有局限的缘故。篆文从牙或从齿，以禹为声，变为形声字了。甲骨文用为"齿疾"，即牙病。

　　咀 jǔ　《说文》小篆作咀。《说文·口部》："咀，含味也。从口，且声。"许慎说：咀义是含着品味。形声字，口是形符，且是声符。

"咀"字的本义是"含着品味"，如唐韩愈《进学解》："沉浸浓郁，含英咀华。"英、华，此指精华，比喻读书吸取其精华。有人将"含英咀华"猜二字谜，谜底是"吃香"。"咀"字后来用为咀嚼字。

（二）唇舌与相关汉字

　　口 kǒu　甲骨文《甲》1277作凵；金文《尊文》作口，《戊寅鼎》作口；《说文》小篆作凵。《说文·口部》："口，人说以言食也，象形。"许慎说：口是人用来说话和吃东西的器官。象形字，像口之形。

"口"的本义是"人的嘴"，如甲骨文用作人说话和吃东西的器官。《国语·楚语下》："使无以寡君为口实。"《礼记·表记》："口惠而实不至，怨灾及其身。"《鬼谷子·捭阖》："口者，心之门户，智谋皆从之出。"《汉书·淮南王刘安传》："王有女陵，慧有口。"由"人的口"引申为"人口"，如《国语·晋语》："且夫口三五之门也。"《孟子·梁惠王上》："百亩之田，勿夺其时，数口之家可以无饥矣。"

由"人的口"引申指"物的口"，如《后汉书·张衡传》"下有蟾蜍，张口承之"中的"口"指蛤蟆口；晋陶渊明《桃花源记》"山有小口"中的"口"指山口；宋苏轼《石钟山记》"彭蠡之口有石钟山焉"中的"口"也指山口。

唇 chún 《说文》小篆作脣。《说文·口部》："唇，惊也。从口，辰声。"许慎说：唇义是形容吃惊的样子。形声字。口是形符，辰是声符。《说文·肉部》："脣，口端也。从肉，辰声。古文脣，从页。"许慎说：脣即嘴唇。形声字。肉是形符，辰是声符。古文脣页是形符。

许慎认为从口的"唇"与从肉的"脣"是两个字，分列在两个部首里解释。"唇"字放在《口部》，实际上"唇"是"脣"的异体字，即"脣"字的另一种写法。现在从肉的"脣"字不用了，被从口的"唇"替代了。

"脣"字的本义是"嘴唇"，如《左传·僖公五年》："谚所谓'辅车相依，唇亡齿寒'者，其虞、虢之谓也。"《释名·释形体》："唇，缘也，口之缘也。"《三国志·魏书·鲍勋传》："王师屡征而未有所克者，盖以吴、蜀唇齿相依，凭阻山水，有难拔之势故也。"唐杜甫《茅屋为秋风所破歌》："唇焦口燥呼不得。"也用来形容"口形物体的边缘"，如宋沈括《梦溪笔谈》："用胶泥刻字，薄如钱唇。"

舌 shé 甲骨文一期《乙》2288 作𠮦，一期《乙》4550 作𠮦，一期《卜》[①] 8 作𠮦；金文《舌鼎》作𠮦；《说文》小篆作舌。《说文·舌部》：

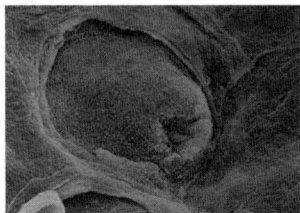
显微镜下的味蕾

"舌，在口所以言也，别味也。从干，从口，干亦声。

---

① 《卜》，即《殷契卜辞》，容庚，1933 年。以下重复出现的简称《卜》，不再注释。

徐锴曰：'凡物入口必干于舌，故从干。'"许慎说：舌
在口中，是用来说话和辨别滋味的器官。会意兼形声
字。徐锴说：干意为犯，食物入口一定要接触舌头，所
以字从干。

甲骨文"舌"字为象形字，像口中吐舌的形状，小点像唾液。
"舌"字的本义是"人的舌头"，如《易·说卦》："兑为口
舌。"《论语·颜渊》："驷不及舌。"《黄帝内经·素问·阴阳应
象大论》："心在窍为舌。"

舌头是用来尝味的，味觉的感受器就是舌头上的"味蕾"。
在舌头表面，密集着许多小的突起。这些小突起形同乳头，医学
上称为"舌乳头"。在每个舌乳头上面，都长着像花蕾一样的东
西。在儿童时期，味蕾分布较为广泛；而老年人的味蕾则因萎缩
而减少。人吃东西之所以能品尝出酸、甜、苦、辣、咸等味道，
是因为舌头上有味蕾。正常成年人有一万多个味蕾，绝大多数分
布在舌头背面，尤其是舌尖部分和舌侧面，口腔的腭、咽等部位
也有少量的味蕾。人吃东西时，通过咀嚼及舌、唾液的搅拌，味
蕾受到不同味物质的刺激，将信息由味神经传送到大脑味觉中
枢，便产生味觉，品尝出食物的滋味。

吃 chī　繁体作喫。《说文》小篆作吃。《说文·口
部》："吃，言蹇难也。从口，气声。"许慎说：吃是口

吃，说话困难，结巴不流利。形声字。口是形符，乞是
声符。

"吃"字的本义是"口吃"，如《史记·韩非传》："非为人
口吃，不能道说，而善著书。"《汉书·周昌传》："昌为人吃。"
　用于"吃喝"的"吃"是假借，如唐杜甫《送李校书二十
六韵》："临岐意颇切，对酒不能吃。"

　　喫 chī　简体作吃。《说文》小篆作喫。《说文·口
部》："喫，食也。从口，契声。"许慎说：喫就是进食。
形声字，口是形符，契是声符。

"喫"字的本义是"进食"，如《世说新语·任诞》："友闻
白羊肉美，一生未曾得喫，故冒求前耳，无事可咨。"
　现在"吃"字代替了"喫"。一般认为"吃"是"喫"的简
化字。

　　啗 dàn　《说文》小篆作啗。《说文·口部》："啗，
食也。从口，臽声。"许慎说：啗同啖，吃。形声字，
口是形符，臽是声符。

"啗"今作"啖"字，本义是"吃"，如《史记·项羽本

纪》："樊哙覆其盾于地,加彘肩上,拔剑切而啖之。"宋苏轼
《食荔枝二首》："日啖荔枝三百颗,不辞长作岭南人。"

由"吃"引申为"给吃",如《史记·高祖本纪》："啖以
利,因袭攻武关,破之。"《汉书·王吉传》:"吉妇取枣以啖
吉。"明马中锡《中山狼传》:"(先生)又何吝一躯啖我而全微
命乎?"

喝 hē hè 《说文》小篆作嚾。《说文·口部》:
"喝,潡也。从口,曷声。"许慎说:喝指口渴,想喝
水。形声字,口是形符,曷是声符。潡是什么意思呢?
《说文·欠部》:"潡,欲饮歠。从欠,渴声。"潡,简化
作"渴"。而"渴"字的本义是水尽,今借"涸"字表
示。许慎所说的"口渴",现在用"渴"字。"喝"字
用为"吃喝"的"喝"。

"喝"字的本义是"喝水"。

"喝"字还有个用法是"大呵出声",读 hè,如《黄帝内
经·素问·生气通天论》:"因于暑,汗,烦则喘喝,静则多言。"
王冰注:"中外俱热,故烦躁、喘、数大呵而出其声也。"《黄帝
内经·灵枢·五乱》:"乱于肺,则俯仰喘喝。"

方言中的"喝"就是"吃",山东西部至今仍说"你喝汤了

吗?"就是问"你吃晚饭了吗?""你吃饭了吗?"则是问"你吃
早饭了吗?"或者"你吃午饭了吗"。

品 pǐn 摆放的祭品。甲骨文一期《甲》241 作🐾,
一期《甲》242 作🐾,二期《后下》9.13 作🐾,四期
《粹》112 作🐾,五期《前》5.35.4 作🐾;金文《井侯
簋》作🐾,《尹姞鼎》作🐾;《说文》篆文作品。《说
文・品部》:"品,众庶也。从三口。"

许慎只是说众庶,多的意思,没有指明是"人口"还是"祭
品"。段玉裁注说:"三人为众,故从三口。"认为口舌之口,
不妥。

"品"的本义是"祭品"、"食品"。"口"表示祭品、好吃的
食物;三个"口"表示多种祭品盛放于器皿之中,用以敬献
神灵。

由"食品"引申为"品种",如《尚书・禹贡》:"厥贡羽毛
齿革惟金三品。"意思是应该进贡的是羽毛、牛尾、象牙、犀牛
皮和金属多种。宋司马光《训俭示康》:"果、肴非远方珍异,食
非多品。"由"食品"引申为"品尝",如《周礼・膳夫》:"膳
夫授祭,品尝食,王乃食。"

由"品尝"引申为"等级",如《尚书・虞书》:"五品不

逊。"商人祭祀给先王、直系先王与旁系先王享受的祭品是有等级区别的,所以后来"品"字引申有等级的意义。《汉书·匈奴传上》:"给缯絮食物有品。"由"等级"引申为"品评",如《资治通鉴·赤壁之战》鲁肃对孙权说:"品其名位,犹不失下曹从事。"《晋书·苻坚载记上》:"品而第之。"意思就是品评优劣而定其等级。甲骨文用为祭名。

(三) 嘴口与相关汉字

吐 吐 《说文》小篆作吐。《说文·口部》:"吐,写也。从口,土声。"许慎说:吐是从嘴里吐出东西。形声字,口是形符,土是声符。

"吐"字的本义是"从嘴里吐出东西",如《诗经·大雅·烝民》:"柔则茹之,刚则吐之。"意思是柔软东西吃下肚,刚硬东西往外吐。《史记·鲁周公世家》:"然我一沐三捉发,一饭三吐哺。""沐"即洗头;"捉"是用手攥住;"哺"是口中含的食物。洗一次头与吃一顿饭要停顿三次,形容为招揽贤才而忙碌。

由"从嘴里吐出东西"引申为"吐出风和水",如宋苏轼《石钟山记》:"空中而多窍,与风水相吞吐。""吞吐"的主语是前一句的"窍","与"即"以",解释为"把",这句话可以解释为（石窍）把风和水一起吞进吐出。

吻 wěn　《说文》小篆作𠱛、𦞦。《说文·口部》："吻，口边也。从口，勿声。吻或从肉从昏。"许慎说：吻指嘴唇。形声字，口是形符，勿是声符。吻或从肉从昏，肉是形符，昏是声符。

"吻"字的本义是"嘴唇"，如明马中锡《中山狼传》："遂鼓吻奋爪以向先生。"由"嘴唇"引申为"嘴"，如《墨子·尚同中》："使人之吻助己言谈。"

啜 chuò　《说文》小篆作𠾭。《说文·口部》："啜，尝也。从口，叕声。一曰：喙也。"许慎说：啜义是品尝。形声字，口是形符，叕是声符。

"啜"字的本义是"品尝"，后泛指"吃"或"喝"。

"啜"表"吃"义，如《荀子·天论》："楚王后车千乘，非知也；君子啜菽饮水，非愚也，是节然也。"《礼记·檀弓》："孔子曰：啜菽饮水尽其欢，斯之谓孝。""啜菽饮水"的"啜"与"饮"对举，啜指吃。"啜菽饮水"的意思是饿了吃豆羹，渴了喝清水。形容生活清苦。

"啜"表"喝"义,如《墨子·节用中》:"饮于土塯,啜于土形。"清孙诒让《间诂》:"土塯乃饭器。"《史记·秦始皇本纪》:"饭土塯,啜土形。"宋陆游《夏末野兴》诗:"土塯饭香供晚饷,布帘字大卖新醅。""土塯"是古代一种盛饭的瓦器;"土形"也写作"土刑"、"土硎"或"土型",是古代一种盛汤羹的瓦器。"啜于土形"就是喝瓦器盛的汤羹。《史记·屈原贾生列传》:"众人皆醉,何不哺其糟而啜其醨?"意思是(渔父对屈原说)众人都是沉醉的,那你为什么不能(像众人一样)吃酒渣、喝薄酒呢?

今"啜泣",形容哭泣时抽噎的样子。

吮 shǔn 《说文》小篆作瞗。《说文·口部》:"吮,欶也。从口,允声。"许慎说:欶义是吮吸,吮义是用口含吸。形声字,口是形符,允是声符。

"吮"字的本义是"用口含吸",如《韩非子·备内》:"医善吮人之伤,含人之血。"《史记·孙子吴起列传》:"母曰:'非然也。往年吴公吮其父,其父战不旋踵,遂死于敌。吴公今又吮其子,妾不知其死矣。'"唐李白《蜀道难》:"磨牙吮血,杀人如麻。"

含 hán 《说文》小篆作㕁。《说文·口部》:"含,

嗛也。从口，今声。"嗛（qiǎn），这里读 xián，同
"衔"，用嘴含。许慎说：含指衔物在口，不咽下也不吐
出。形声字，口是形符，今是声符。

"含"字的本义是"衔物在口"，如《周礼·天官·玉府》：
"大丧共（供）含玉。"《庄子·外物》："生不布施，死何含珠
为?"《谷梁传·隐公元年》："贝玉曰含。"《战国策·赵策》：
"死则不得饭含。"《韩非子·内储说下》："含杜若，握玉环。"

由"衔物在口"引申为"隐含"，即藏在里面，不完全表露
出来，如战国宋玉《登徒子好色赋》："眉如翠羽，肌如白雪，腰
如束素，齿如含贝。"《左传·宣公十五年》："瑾瑜匿瑕，国君含
垢。"《玉台新咏·古诗为焦仲卿妻作》："阿女含泪答。"唐杜甫
《后出塞五首》："少年别有赠，含笑看吴钩。"

"饭含"，是古丧仪之一，就是把珠、玉、谷物或钱放入死者
口中的习俗。饭，是根据死者身份不同把谷、贝放入死者口里，
《周礼·地官·舍人》："庶人以谷实"，"君用粱，大夫用稷，士
用稻"；含是把珠、玉放在死者口里，《周礼·地官·舍人》："天
子含实以珠，诸侯以玉，大夫以玑，士以贝"。《周礼·春官·典
瑞》："共饭玉。"清孙诒让《周礼正义》："饭含所用，古说多
异。"就是说，所放之物根据死者地位不同而不同。

唾 tuò 　《说文》小篆作𡂡。《说文·口部》："唾，

口液也。从口，垂声。涶，唾或从水。"许慎说：唾指唾液、唾沫。形声字，口是形符，垂是声符。

"唾"字的本义是"唾沫"，即口腔里的消化液，如唐杜甫《醉歌行》："汝身已见唾成珠，汝伯何由发如漆！"由"唾沫"引申为"吐唾沫"，如《左传·僖公三十二年》："不顾而唾。"《战国策·赵策》："必唾其面。"由"吐唾沫"引申为"唾弃"，鄙视厌恶的意思，如唐李商隐《行次西郊作》："公卿耐嘲叱，唾弃如粪丸。"

吹 chuī　甲骨文一期《甲》2974 作𝅘，一期《佚》939 作𝅘；金文《叔赵父卣》作𝅘；《说文》小篆作𝅘。《说文·口部》："吹，嘘也。从口，从欠。"许慎说：吹就是嘘，指撮起嘴唇急促地吐出气流。会意字，以口、欠示意，口欠则气出。

甲骨文的𝅘（欠），像人张口之形；𝅘（口），是人的口。

"吹"的本义是"吹气"，如《庄子·逍遥游》："生物之以息相吹也。"引申为"风吹"，如宋陆游《十一月四日风雨大作》："夜阑卧听风吹雨，铁马冰河入梦来。"

"吹毛求疵"则是吹开皮上的毛寻疤痕，用来比喻故意挑剔别人的缺点和差错，如《韩非子·大体》："不吹毛而求小疵，不洗垢而察之难。"《汉书·中山靖王刘胜传》："有司吹毛求疵，笞服其臣，使证其君。"

"吹"字的甲骨文词例是用为方国名。

问 wèn 繁体作問。甲骨文一期《后下》9.10作𭼪，金文《史问钟》作𭼪，《说文》小篆作問。《说文·口部》："问，讯也。从口，门声。"许慎说：问就是审问。形声字，口是形符，门是声符。

许慎说"问"为"形声字"，不妥。甲骨文、金文、小篆字形一致，上面左右两边是两扇门，门是房屋的出口，明确表示房屋；房屋里面一个"口"字，表示人的嘴。"门"也表示意义，既是声旁也是形旁。"问"是个会意兼形声字。

"问"字的本义是"审问"，如《资治通鉴·唐纪》："每得降卒，必亲引问委曲，由是贼中险易远近虚实尽知之。"明张溥《五人墓碑记》："按问其家。"清方苞《狱中杂记》："不问罪之有无。"由"审问"引申为"责问"，如《左传·僖公四年》："昭王南征而不复，寡人是问。"由"责问"引申为"询问"，如《尚书·吕刑》："皇帝请问下民。"《礼记·学记》："善问者如攻坚木。"《左传·庄公十年》："既克，公问其故。"唐贺知章《回

乡偶书》："笑问客从何处来。"由"询问"引申为"寻访"，如
晋陶渊明《桃花源诗并记》："后遂无问津者。"由"寻访"引申
为"慰问"，表达关心，如《论语·雍也》："伯牛有病，子问
之。"《战国策·齐策》："齐王使使者问赵威后。"《三国志·吕
蒙传》："周游城中，家家致问。"

　　"问"，又特指"周代诸侯国间的一种相互访问的礼节"，如
《周礼·大宗伯》："时聘曰问。"《仪礼·聘礼》："小聘曰问。"
还特指"家书"，如《晋书·陆机传》："既而羁寓京师，久无
家问。"

　　"问"通"闻"，听说的意思，如《礼记·檀弓》："问丧于
天子乎？"

　　"问鼎"，指图谋夺取政权，也指在某方面取胜，如《左传·
宣公三年》："楚子问鼎之大小轻重。"这是说：春秋时，楚庄王
陈兵于洛水，向周王朝示威。周派使者慰劳，说楚庄王想夺取周
朝天下。《晋书·王敦传》："有问鼎之心，帝畏而恶之。"

　　一个"问"字，内涵丰富，"问"的学问还真是不小呢！

　　唯 wéi　甲骨文一期《甲》3112 作 ，《明》① 682
作 ；金文《易鼎》作 ，《君夫簋》作 ；《说文》

────────────────

小篆作唯。《说文·口部》："唯,诺也。从口,隹声。"

许慎说:唯是应答声,比诺略恭敬一些。形声字,口是
形符,隹是声符。

许慎解释"唯"为"应答声"是对的,认为是"形声字",
不妥。从甲骨文、金文看,🐦(隹)是鸟的象形,表音也表意;
ㅂ(口)是鸟喙,表示鸟的叫声从鸟喙发出,是个会意兼形声字。
罗振玉《增订殷虚书契考释》说:"卜辞中语词之'惟',唯诺
之'唯'与短尾鸟之'隹'同为一字,古金文亦然。"甲骨文
"隹"、"唯"不分,是一个字,后来才明确区分的。

"唯"的本义是"应答声",如《礼记·曲礼》:"必慎唯
诺。"由此有了"唯唯诺诺",如《韩非子·八奸》:"未命而唯
唯,未使而诺诺。"形容只是顺从附和,不敢表示不同的意见,
含有贬义。《论语·里仁》:"子曰:'参乎!吾道一以贯之。'曾
子曰:'唯。'"《史记·范雎蔡泽列传》:"秦王跽而请曰:'先生
何以幸教寡人?'范雎曰:'唯,唯。'"

由"应答声"引申为句首语气词,表"希望",如《左传·
僖公三十年》:"唯君图之。"意思是希望您考虑这件事。《墨子·
尚同下》:"唯欲毋与我同,将不可得也。"

"唯"用作范围副词,当"只"讲,如《管子·牧民》:"毋
曰不同生,远者不听;毋曰不同乡,远者不行;毋曰不同国,远

者不从。如地如大，何私何亲；如月如日，唯君之节。"《礼记·表记》："唯天子，受命于天。"

"唯"通"虽"，如《大戴礼记·虞载德》："君以闻之，唯丘无以更也。"《荀子·大略》："天下之人，唯各特意哉，然而有所共予也。"《战国策·赵策》："君唯释虚伪疾，文信犹且知之也。"《史记·范雎传》："须贾因问曰：'……孺子岂有客，习于相君者哉？'范雎曰：'主人翁习知之，唯雎亦得谒。'"《史记·司马相如传》："蜀长老多言通西南夷不为用，唯大臣亦以为然。"《史记·汲黯传》："弘、汤深心疾黯，唯天子亦不说也。"《汉书·汲黯传》中将"唯"作"虽"。

"唯"、"维"、"惟"三字的区别："唯"的本义是应答声，"维"的本义是绳子，"惟"的本义是"思"。但在"思"的意义上，"维"、"惟"通用；在范围副词"只"的意义上，"唯"、"惟"通用；作语气词时，三字都通用。

（四）喉咙与相关汉字

喉 hóu　《说文》小篆作喉。《说文·口部》："喉，咽也。从口，侯声。"许慎说：喉指咽喉、喉咙。形声字，口是形符，侯是声符。

"喉"字的本义是"咽喉",如《后汉书·马融传》:"喉咽者,量肠之府也。"唐柳宗元《三戒》:"断其喉。"

"喉"在颈的前部和气管相通的部分,是呼吸器官的一部分,内有声带,又是发音器官,通称"喉头"。

哙 kuài 繁体作噲。《说文》小篆作噲。《说文·口部》:"哙,咽也。从口,会声。"许慎说:哙即吞咽。形声字,口是形符,会是声符。王筠注:"此下咽之咽。"

"哙"字的本义是"吞咽"。由"吞咽"引申为"喘息",如《淮南子·俶真》:"吱行哙息。""哙哙"重叠,通"快快",如《诗经·小雅·斯干》:"哙哙其正,哕哕其冥。君子攸宁。""哙哙"同"快快",宽敞明亮的样子。"正"是向阳的正厅;"哕哕"同"煟煟",光明的样子;"冥"指厅后幽深的地方。全句的意思是正殿大厅宽又亮,殿后幽室也光明,君子住处确安宁。

吞 tūn 《说文》小篆作吞。《说文·口部》:"吞,咽也。从口,天声。"许慎说:吞是咽下。形声字,口是形符,天是声符。

《说文》小篆的字形是"而"，不是"吞"。

"吞"字的本义是"咽下"，如《后汉书·杜笃传》："吞舟大鱼也。"宋范仲淹《岳阳楼记》："衔远山，吞长江，浩浩汤汤，横无际涯，朝晖夕阴，气象万千。"宋辛弃疾《永遇乐·京口北固亭怀古》："气吞万里如虎。"

"吞"由"咽下"引申为"吞并"，消灭的意思，如《战国策·西周策》："兼有吞周之意。"汉贾谊《过秦论》："振长策而御宇内，吞二周而亡诸侯。"意思是（到秦始皇时）挥舞着长鞭来驾驭全中国，吞并了东周、西周和各诸侯国。

咽 yàn　《说文》小篆作咽。《说文·口部》："咽，嗌也。从口，因声。"许慎说：咽指咽喉。形声字，口是形符，因是声符。

"咽"字的本义是"咽喉"，如《战国策·秦策》："韩，天下之咽喉。"《后汉书·华佗传》："佗尝行道，见有病咽塞者。"由名词"咽喉"引申用为动词"咽下"，如宋苏洵《六国论》："吾恐秦人食之不得下咽也。"《汉书·李广苏建传》："与旃毛并咽。"

嗌 yì ài ˋ　《说文》小篆作嗌。《说文·口部》：

"嗌，咽也。从口，益声。"许慎说：嗌指咽喉。形声
字，口是形符，益是声符。

《说文》籀文的"嗌"字，上面像口，下面像颈部的血管和
筋肉的纹理，是个象形字。

"嗌"字的本义是"咽喉"，读 yì，如《释名·释形体》：
"咽，又谓之嗌，气所流通，厄要之处也。"《山海经·北山经》：
"食之已嗌痛。"《列子·汤问》："使我嗌疾而腰急。"

用于"咽喉塞住"，读 ài，如《方言》卷六："嗌，噎
也……秦晋或曰嗌。"郭璞注："嗌，谓咽痛也。"《谷梁传·昭公
十九年》："嗌不容粒。"

《说文》用"嗌"解释"咽"，又用"咽"解释"嗌"。许
慎认为"咽"、"嗌"二字意义相同。

呼 hū 《说文》小篆作呼。《说文·口部》："呼，
外息也。从口，乎声。"许慎说：呼是让气体从口鼻中
出来。形声字，口是形符，乎是声符。

乎 hū 甲骨文《前》3.30 作乎，《菁》① 6.1 作乎；

① 《菁》，即《殷虚书契菁华》，（清）罗振玉，68 片，1914 年。以下重复
出现的简称《菁》，不再注释。

金文《颂鼎》作𠂤；《说文》小篆作𠂤。《说文·兮部》："兮，语之余也。从丂，像声上扬之形也。"许慎说：兮是语气词，表示语意未尽的语气。象形字，像丂上有气上扬的形状。

从甲骨文看，"呼"和"乎"是一个字形，有加口的，也有不加口的，有两种用法：一是用为"招呼"，二是用为"语气词"。二字没有分工。金文《颂鼎》字形不从口，与言字旁的評相通。《说文》将"呼"和"乎"分为两个字，列在两个部首里分别解释，说明东汉时期两个字的意义已经分工。现在，"呼"用为呼喊字，"乎"用为语气词，分工也很明确。

"呼"字的本义是"呼唤"、"叫喊"，如《诗经·大雅·荡》："式号式呼，俾昼作夜。""式"是语助词。句意是狂呼乱叫不像样，日夜颠倒政事荒。《礼记·曲礼》："城上不呼。"《史记·项羽本纪》："呼张良与俱去。"

"乎"字用为"语气词"，如《史记·平原君虞卿列传》："长铗归来乎！食无鱼。"也用为"介词"，作用与"于"相当，如战国屈原《离骚》："吾独穷困乎此时也！"《公羊传·哀公十四年》："《春秋》何以始乎隐?"意思是《春秋》记事凭什么从鲁隐公元年开始?

吸 xī 《说文》小篆作𠺖。《说文·口部》："吸，

内息也。从口，及声。"许慎说：吸是让气体从口或鼻
中进去。形声字，口是形符，及是声符。

"吸"字的本义是"吸气"，如《庄子·刻意》："吹呴呼吸，
吐故纳新。"《庄子·逍遥游》："不食五谷，吸风引露。"由"吸
气"引申为"吸液体"，如唐杜甫《饮中八仙歌》："饮如长鲸吸
百川。"

　　喘 chuǎn　　《说文》小篆作喘。《说文·口部》：
"喘，疾息也。从口，耑声。"许慎说：喘是急促呼吸。
形声字。口是形符，耑是声符。

"喘"字的本义是"急促呼吸"，严重时张口抬肩，鼻翼煽
动，不能平卧，如《庄子·大宗师》："喘喘然将死。"《黄帝内
经·素问·五常政大论》："其发咳喘。"《汉书·丙吉传》："牛
喘吐舌。"
　　由"急促呼吸"引申为"轻声说话"，如《荀子·臣道》：
"礼义以为文，伦类以为理，喘而言。"

　　喟 kuì　　《说文》小篆作喟、嘳。《说文·口部》：
"喟，大息也。从口，胃声。嘳，喟或从贵。"许慎说：

喟是叹息。形声字，口是形符，胃是声符。喟或从贵，
写作嘳，口是形符，贵是声符。

"喟"字的本义是"叹息"，如《论语·子路》："夫子喟然
叹曰：'吾与点也。'"这是"曾皙、冉有、公西华侍坐"时孔子
的叹息。《论语·子罕》："颜渊喟然叹曰：'仰之弥高，钻之弥
坚。'"喟然是叹气的样子。"喟然长叹"即因感慨而深深地叹气。
《礼记·礼运》："出游于观之上，喟然而叹。"

（五）进食与相关汉字

青铜豆

食 shí sì　甲骨文一期《京》
2467 作🍚，一期《库》① 511 作🍚，
二期《粹》1000 作🍚；金文《仲义
公簋》作🍚；《说文》小篆作🍚。
《说文·食部》："食，一米也。从
皀，亼声。或说亼皀也。"许慎说：
食是一粒米。皀是形符，亼是声符。
也有的人说，字形是由亼、皀会意。

---

① 《库》，即《库方二氏藏甲骨卜辞》，[美] 方法敛，1935 年。以下重复
出现的简称《库》，不再注释。

　　许慎说"一粒米"不妥，认为是"形声字"也不妥。"食"字形下面是一个食器"皀"，里面的点或短横表示食物，上面的**A**是个"食器的盖子"，当是个象形字，不当是形声字或会意字。

　　"食"的本义是"食物"，如《论语·卫灵公》："君子谋道而不谋食。"《老子·第八十章》："甘其食，美其服，安其居，乐其俗。"《左传·隐公元年》："小人有母，皆尝小人之食矣。"《周礼·膳夫》："掌王之食饮。"《汉书·食货志》："食，谓农殖嘉谷，可食之物。"《三国志·诸葛亮传》："百姓孰敢不箪食壶浆以迎将军者乎？"唐白居易《卖炭翁》："卖炭得钱何所营？身上衣裳口中食。"

　　"食"用为动词"吃"，如《诗经·小雅·十月之交》："彼月而食，则维其常。"《左传·隐公元年》："食舍肉。"《战国策·齐策》："长铗归来乎，食无鱼！"《孟子·梁惠王上》："狗彘之畜，无失其时，七十者可以食肉矣。"《史记·魏公子列传》："士以此方数千里争往归之，致食客三千人。"这一例用为"食客"，是寄食于人的意思。

　　"食"用为动词"居"，如《诗经·卫风·氓》："自我徂尔，三岁食贫。""食"与"居"义近，现在还把"吃"与"住"连在一起。

　　"食"用为"日食、月食"，如《易·丰》："日中则昃，月盈则食。"《管子·四时》："是故圣王日食则修德，月食则修刑。"《左传·隐公三年》："三年春王二月，己巳，日有食之。"

太阳被遮住称为"日食"，月亮被遮住称为"月食"，这个"食"也是"吃"的意思，后来写作"蚀"，成为"亏损"的意思。

"食"的使动用法，读 sì，如《诗经·小雅·绵蛮》："饮之食之，教之诲之。"《战国策·齐策》："左右以君贱之也，食以草具。"

"食"通"饲"，如《史记·商君列传》："自粥于秦客，被褐食牛。"唐柳宗元《捕蛇者说》："谨食之，时而献焉。"唐韩愈《杂记》："食马者不知其能千里而食也。"

甲骨文用法有四：一为食物。二为大食、小食，记时名词，大食在大采之后，小食在小采之前，就是一天两顿饭的时间。三借为月蚀（食）之蚀。四为地名。

　　飤 sì　甲骨文一期《后下》7.13 作𩚚；金文《父乙簠》作𩚚，《吴王姬鼎》作𩚙；《说文》小篆作𩚡。《说文·食部》："飤，粮也。从人、食。"许慎说：飤义为干粮。会意字，以人、食表示供人吃的意思。

段玉裁认为：飤字本作食，俗作飤或者饲，意思是给人或牲畜食物吃，后来字有专司，饲只用于指饲养牲畜。

"飤"的本义是"给人或牲畜食物吃"，文献用法通"食"，读 sì，给吃，如《东方朔·七谏》："子推自割而飤君兮，德日忘而怨深。"是说介子推从晋文公出亡，割股肉给晋文公吃。

即 jí 甲骨文《前》6.52作𝄞，三期《甲》2609作
𝄞；金文《盂鼎》作𝄞，《毛公鼎》作𝄞；《说文》小
篆作𝄞。《说文·皀部》："即，即食也。从皀，卪声。"
许慎说："即食"就是"就食"，形声字，皀是形符，卪
是声符。

许慎说"即食"就是"就食"。徐锴曰："即，就也。""就"
就是"就食"。说"形声字"，误。甲骨文"即"左边是个"皀"
字，是盛满食物的食器；右边是个跪着的人"卪"。一个人面对
着食器品尝食物，明显是个会意字。

"即"的本义是"人就食"，如《易·鼎》："鼎有实，我仇
有疾，不我能即。"《礼记·曲礼》："将即席。"就食必须走近实
物，所以引申为"走近"，如《诗经·卫风·氓》："匪来贸丝，
来即我谋。"《史记·项羽本纪》："即其帐中斩宋义头。"唐柳宗
元《童区寄传》："夜半，童自转，以缚即炉火烧绝之。"意思是
把捆在区寄手上的绳子接近炉火烧断它。"可望而不可即"、"若
即若离"都是"靠近"的意思。由"走近"引申为"坐上去"，
如《左传·隐公元年》："及庄公即位，为之请制。""即位"就
是"就位"，坐上座位。《史记·河渠书》："山行即桥。"由"就

位"开始做帝王引申为"就是",如《左传·襄公八年》:"民死亡者,非其父兄,即其子弟。"《史记·项羽本纪》:"梁父即楚将项燕。"南朝范缜《神灭论》:"神即形也,形即神也。"

即又用为副词"立刻",如《汉书·李广苏建传》:"即时诛灭。"《三国志·诸葛亮传》:"即遣兵三万以助备。"还用为假设连词"如果",如汉贾谊《论积贮疏》:"即不幸有方二三千里之旱,国胡以相恤。"《史记·高祖本纪》:"萧相国即死,令谁代之?"

甲骨文用为"来到",或者"祭名"。

既 jì 甲骨文一期《佚》695 作𩚥;金文《保卣》作𩚫,《颂簋》作𩚫,《召伯簋》作既;《说文》小篆作𣨛。《说文·皀部》:"既,小食也。从皀,旡声。《论语》曰:'不使胜食既。'"许慎说:"既"就是吃得不多。形声字,皀是形符,旡是声符。《论语》说的"不使胜食既",就是不让吃太多。

"既"的本义是"食物吃完了"。如《礼记·玉藻》:"君既食。"由食物"吃完了"引申为某事"做完了",如《庄子·应帝王》:"吾与汝既其文,未既其实。"《韩非子·内储说下》:"楚成王以商臣为太子,既欲置公子职。"《盐铁论·毁学》:"昔李斯与包丘子俱事荀卿，既而李斯入秦。"

由某事"做完了"引申为时间副词"已经"，如《论语·季氏》："既来之，则安之。"《左传·庄公十年》："既克，公问其故。"《韩非子·外储说左下》："三军既成陈（阵），使士视死如归。"后来又引申为表示递进关系的连词，如"既……又……"的格式。

甲骨文用为已经完成，是引申义。

卿 qīng　甲骨文《前》4.21作𨛫，《前》4.22作𨛫；金文《令鼎》作卿，《宅簋》作卿，《天亡簋》作卿；《说文》小篆作卿。《说文·皀部》："卿，章也。六卿：天官冢宰、地官司徒、春官宗伯、夏官司马、秋官司寇、冬官司空。从卯，皀声。"许慎说："彰"即表彰。卯是形符，皀是声符。

汉代画像石

许慎说"卿"是"形声字"，误；认为"卿相"的"卿"非本义，是假借义。字形中间是食器"皀"，食器里盛满了食物，两边是二人对坐，享用食物。金文和篆文中的"皀"好像是站起来了。明显是个会意字。

"卿"的本义是"二人对食"。"卿"就是"饗"字，读xiǎng，用酒食款待人，也写作"飨"，泛指请人享受。后来有一个"乡"字，繁体写作"鄉"，左右两边都是"邑"，表示乡村。"卿"与"鄉"完全不同。

"卿"字被假借为"官名"，其官位在"三公"之下、"大夫"之上，如《礼记·王制》："大国三卿，皆命于天子；次国三卿，二卿命于天子，一卿命于其君；小国二卿，皆命于其君。"又"诸侯之上大夫卿"。《史记·廉颇蔺相如列传》："以相如功大，拜为上卿。"用为"客卿"，其他诸侯国来本国做官的人的尊称，如《史记·李斯列传》："秦王拜斯为客卿。""卿"字又假借为第二人称代词"昵称"，亲热的称呼，如《玉台新咏·古诗为焦仲卿妻作》："我自不驱卿，逼迫有阿母。"《资治通鉴·汉纪》："卿今当塗。"

饗 xiǎng　甲骨文一期《合集》① 16043 作𗊵，一期《合集》16050 作𗊵；金文《宰口簋》作𗊵；《说文》小篆作𗊵。《说文·食部》："饗，乡人饮酒也。从食，从鄉，鄉亦声。"许慎说：饗是乡人饮酒，从食，从鄉，

---

① 《合集》，即《甲骨文合集》，郭沫若主编，北京：中华书局，1978—1982 年。以下重复出现的简称《合集》，不再注释。

卿也是声符。会意兼形声字。

"饗"字简化为"飨",本义是"用酒食招待客人",如《诗经·豳风》:"朋酒斯飨,曰杀羔羊。"毛传:"飨,乡人饮酒也。"《谷梁传·庄公四年》:"夫人姜氏飨齐侯。"注:"飨,食也,两君相见之礼。"

甲骨文用法有三:一为饗祭先祖,二为宴饗,三为向背之向。

"饗"字通"享",《左传·哀公十五年》:"子,周公之孙也,多飨大利,犹思不义。"

最后,比较一下饗、飨、郷、卿、嚮、響六个字。"饗"字简化为"飨",义为用酒食招待客人;"郷"字的左右两边是"邑",表示乡村,简化为"乡村"的"乡";"卿"字的中间是食器"皀",食器里盛满了食物,两边是二人对坐,享用食物;而响声的"响",繁体作響或者嚮。

七、臂膀与双手

上肢与胸部和颈部相接，分肩、臂、肘和手。

肩指人的胳膊上部与躯干相连的部分，也称肩膀。由于肩膀宽厚有力，也用来比喻勇于承担责任。

臂指从肩到手腕的部分，也称臂膀或胳臂。由于胳臂粗壮有力，常用来比喻助手。

肘指上臂与前臂相接处向外凸起的部分，也称胳膊肘儿。"掣肘"一词，本是捉住其肘，常用来比喻阻挠别人做事。

手可以使用工具进行劳动，可以做出触摸、抓握、托举、勾拉、推压、叩击的动作，还有敏锐而精确的感觉神经末梢，使得各种动作被掌控在适度的范围内。

对臂膀与双手及相关汉字，下面从臂膀、双手、手的抓握功能三个层次，解说形体，分析本义，梳理用法，逐个进行研究。

（一）臂膀与相关汉字

厷 gōng　楷书作肱。甲骨文一期《乙》3062 作 ，

一期《后下》20.17 作 ，一期《人》447 走 ；《说文》

古文作 ；《说文》小篆作 、 。《说文·又部》："厷，

臂上也。从又，从古文厷。 古文厷，象形。"许慎说：

厷即肱，手臂从肘到腕的部分。会意兼形声字，以又和

古文的厷字示意，表示手在厷之上，所以古文厷也是

声符。

甲骨文"厷"字手、前臂、上臂都具备，是一条从手到肩的
完整胳膊，并且在臂弯一侧加上一个明显的圆形肘骨，俗称"胳
膊肘儿"，表示肘骨所在的位置，古文也是整个胳膊的形状。

"厷"字的本义是"整个胳膊"，如《诗经·小雅·无羊》：
"麾之以肱，毕来既升。"朱熹集注："但以手麾之，使来则毕来，
使升则既升也。"可知原文的意思是用胳臂指挥，把羊全部赶上
山坡。《医宗金鉴·正骨心法要旨》："自肩下至腕，一名肱，俗
名肐膊（胳膊）。"

而文献记载"厷"字所指的部位，却不限指整个胳膊，有时
指下臂，有时也指上臂：

指下臂，从肘到腕的部分，如甲骨文用同"肱"，指下臂。
又如《论语·述而》："饭疏食饮水，曲肱而枕之，乐亦在其中
矣。"头部也只能枕到下臂上。

指上臂，从肘到肩的部分，如《说文·又部》："厷，臂上

也。从又，从古文厶。厶，古文厷，象形。肱，厷或从肉。""臂
上"语义未明。段注："厷与臂之节曰肘，股与胫之节曰膝。《深
衣》曰'胳之高下，可以运肘。袂之长短，反诎之及肘'。注云：
'肘当臂中为节，臂骨上下各二寸。'按：上谓厷，下谓臂臑也。"
段玉裁认为"厷"是上臂。

篆文异体字增加形符"肉"，"厷"表示声符，后来的楷书就
写成了"肱"字。

膀 bǎng páng　金文作𦜃，《说文》小篆作𦙫。《说
文·肉部》："膀，脅也。从肉，旁声。髈，膀或从骨。"
许慎说：膀即脅。形声字，肉是形符，旁是声符。膀或
从骨，写作髈，骨是形符。

许慎说的"脅"，是指两腋下还是哪个部位，不是很明确。
"膀"字有三个意义：一指胳膊上部靠肩的部分，读 bǎng，
如"肩膀"、"臂膀"。二指鸟的双翅，如"翅膀"。三指人体骨
盆内的一个储尿器官，读 páng，如"膀胱"，俗称"尿泡"，读
suī pao，也作"尿脬"。

肩 jiān　《说文》小篆作肩。《说文·肉部》："肩，
髆也。从肉，象形。俗肩从户。"许慎说：肩就是肩膀，

人的胳膊上部与躯干相连的部分。会意字，从肉，户像
肩甲连臂的形状。俗体肩字，用户作边旁，是变错了。

"肩"字的本义是人的"肩膀"，如《庄子·养生主》："肩
之所倚。"由人的"肩膀"引申指"动物的腿根部"，如《史
记·项羽本纪》："项王曰：'赐之彘肩。'则与一生彘肩。樊哙覆
其盾于地，加彘肩上，拔剑切而啗之。"由于人的"肩膀"能承重，
所以引申为"任"，即担任职务，如《尚书·盘庚下》："朕不肩好
货。"孔传："我不任贪货之人。""贪货之人"指贪财的人。

胳 gē gā 　《说文》小篆作𦞤。《说文·肉部》：
"亦下也。从肉，各声。"许慎说：胳义是腋下。形声
字，肉是形符，各是声符。

"胳"字的本义是"腋下"，俗称胳（gā）肢窝，在两臂之
下，如《礼记·深衣》："胳之高下可以运肘。"俗字作袼。"胳"
字单用，读 gē。
胳肢窝的"胳"，和骨骼的"骼"不是一个字，前者的形符
是"肉"，后者的形符是"骨"。读音也不同，骨骼的"骼"读
gé，胳肢窝的"胳"读 gā。

臂 bì 　《说文》小篆作臂。《说文·肉部》："臂，

手上也。从肉，辟声。"许慎说：臂指胳膊，从肩到腕的部分。形声字，肉是形符，辟是声符。

"臂"字的本义是"胳膊"，如《广雅·释亲》："肱谓之臂。"《仪礼·少牢礼》："肩臂。"清初张潮《虞初新志·秋声诗自序》："奋袖出臂。"由"人的胳膊"引申指"动物的前肢"，如《山海经·北山经》："滑水其中多水马，其状如马，文臂牛尾。"注："前脚也。"《庄子·大宗师》："以汝为虫臂乎？"

膊 bó　　《说文》小篆作膊。《说文·肉部》："膊，薄脯，膊之屋上。从肉，尃声。"许慎说：膊义是把肉切成薄片，晾在屋顶晒干。形声字，肉是形符，尃是声符。

"膊"字的本义是"薄片干肉"。
"胳膊"二字连用，指人体上肢，也称"胳臂"。

髆 bó　　《说文·骨部》："髆，肩甲也。从骨，尃声。"许慎说：髆义是肩，肩胛。形声字，骨是形符，尃是声符。

肘 zhǒu　　《说文》小篆作肘。《说文·肉部》：

"肘，臂节也。从肉，从寸。寸，手寸口也。"许慎说：
肘指前臂与下臂之间的关节。会意字，以肉、寸示意；
寸是手腕的上寸口。

"肘"字的本义是"前臂与下臂之间的关节"，如《左传·
成公二年·齐晋鞌之战》："自始合，而矢贯余手及肘。"意思是
从交战一开始，我的手和胳膊就被箭射穿了。《庄子·让王》：
"曾子居卫……捉衿而肘见，纳履而踵决。"曾子在卫国居住的时
候，衣服破烂得拉一下衣襟就露出胳膊肘儿，穿的鞋子露着脚
后跟。

    胝 zhī　《说文》小篆作𦙫。《说文·肉部》："胝，
    腄也。从肉，氏声。"腄，读 chuí。许慎说：胝义是胼
    胝；手脚掌上又厚又硬的皮。形声字，肉是形符，氏是
    声符。

"胝"字的本义是"老茧"、"茧子"。

由于经常辛勤劳动，手掌或脚掌上因摩擦而生成的硬皮，古
称"胼胝"，俗称"老茧"或"茧子"。如《韩非子·外储说左
上》："手足胼胝，面目黧黑，劳有功者也。"《荀子·子道》：
"有人于此，夙兴夜寐，耕耘树艺，手足胼胝以养其亲，然而无
孝之名，何也？"汉司马迁《史记·李斯列传》："手足胼胝，面

目黎黑。"黎黑即黑黄色，形容憔悴的样子。

　　亦 yì　甲骨文《前》7.4作夼，金文《召伯簋》作夼，《说文》小篆作夼。《说文·亦部》："亦，人之臂亦也。从大，象两亦之形。臣铉等曰：'今别作腋，非是。'"许慎说：亦义是人的腋窝。后作腋。指事字，从大，以两点指明腋窝所在的位置。徐铉等认为：如今另外制字作腋，不对。

　　"亦"字的本义是"腋窝"，而文献很少使用本义，用为副词的例子较多，如《左传·文公七年》："先君何罪？其嗣亦何罪？"相当于副词"又"。《战国策·魏策》："亦免冠徒跣，以头抢地尔。"相当于副词"也"。明张溥《五人墓碑记》："亦以明死生之大。"相当于副词"也"。

（二）双手与相关汉字

　　又 yòu　甲骨文一期《京》2216作彐；金文《又尊》作彐，《何尊》作彐；《说文》篆文作彐。《说文·又部》："又，手也。象形，三指者，手之列多略不过三也。"许慎说：又即右手，后作"右"。象形字，手本来五个指头，只画三根指头，是因为古人用三表示多数，画三指代表五指，甲骨文、金文中凡是手作义符的，大多只画二根指头。

甲骨文"又"、"右"、"佑"三个字的形体相同，都是写成人的右手，是象形字。甲骨文没有"手"字，都是画三指。"又"字一般写作朝右的方向，也有写作朝左方向的，向右向左无别。唯有左右并称时，朝右的 ▨ 是"右"字，朝左的 ▨ 是"左"字，分别很清楚。

"又"字的本义是"右手"，"右"字产生以后，"又"字就当副词"再"字使用了，如《诗经·郑风·缁衣》："缁衣之席兮，敝予又改为兮。"句意是黑衣宽大啊，破了我又替你改作啊。《诗经·小雅·小宛》："各敬尔仪，天命不又。"句意是个人敬重你威仪，天命一去没来时。《尚书·禹贡》："东出于陶邱北，又东至于荷，又东北会于汶，又北东入于海。"《仪礼·燕礼》："又命之。"唐白居易《赋得古原草送别》："野火烧不尽，春风吹又生。"

作"有"字的假借字，如《诗经·周颂·臣工》："维莫之春，亦又何求？"意思是在这暮春，还有什么要求？

甲骨文"右"字有五种用法：一为与左相对的方位名词。二用为祐，指神灵的佑助。三用为祭名姷（音右）。四用为有。五用为连词。

右 yòu　金文《毛公鼎》作🅰，《南季鼎》作🅱；《说文》篆文作🅲。《说文·口部》："右，助也。从口，从又。徐锴曰：'言不足以左，复手助之。'"《说文·又部》重出："右，手口相助也。从又，从口。臣铉等曰：'今俗别作佑。'""ㄱ"是"右"的本字，加"口"造了个"右"字，"右"是后起的区别字，"佑"也是后起的区别字。

"右"字的本义是"帮助"，这个意义后来加"人"写成"佑"，如《易·系辞》："右者，助也。"《诗经·大雅·假乐》："保右命之，自天申之。"句意是天命保佑他，天神告诫他。《左传·襄公十年》："王右伯舆。"又"天子所右，寡君亦右之。"句意是天子帮助他，我也帮助他。

古代以"右"为上位，如《史记·廉颇蔺相如列传》："位在廉颇之右。"古代"右"也表示"西方"，"左"表示"东方"，如三国魏钟会《檄蜀文》："姜伯约屡出陇右。"陇右就是陇西。这与地图上的"东西方向"正相反。

左 zuǒ　甲骨文《乙》8368作🄰，金文《吴方彝》作🄱，《说文》小篆作🄲。《说文·𠂇部》："左，手相左助也。从𠂇、工。臣铉等曰：'今俗别作佐。'"许慎说：

左义是伸出手帮助，后来写作佐。会意字，以ㄓ、工示意。ㄓ（ナ）是手，工是功。徐铉等说：现今另造了个佐字表示帮助，来与左右的左相区别。左字初文写作ㄓ（ナ），像左手的形状，后来加上形符工，表示帮助的意义。

"左"字的本义是"左手"。

"左右"二字连用，意义很丰富：一是表示"左和右两个方面（左手右手）"，如"左右为难"、"左右逢源"。二是指"身边跟随的人"，如《左传·昭公六年》："左右诣谀。"《史记·廉颇蔺相如列传》："左右欲刃相如，相如张目叱之，左右皆靡。"三是表示"辅助"、"帮助"，如《史记·萧相国世家》："高祖为亭长，（萧何）常左右之。"四是表示"支配，操纵"，如《左传·僖公二十六年》："凡师，能左右之曰'以'。"

用为"旧时书信中称对方左右，以示尊敬"，如汉司马迁《报任少卿书》："是仆终已不得舒愤懑以晓左右。"用为"方言副词，反正、横竖"，如《水浒传》第十六回："你左右将到村里去卖，一般还你钱，便卖些与我们，打什么不紧？"又如"我左右闲着没事"。用法如同"上下，用在数量后表示约数"，如"三十岁左右"。

叉 chā chá chǎ chà　　甲骨文《前》2.19.3作ㄨ，金

文作 ᐟ，《说文》小篆作 ᐜ。《说文·又部》："叉，手指相错也。从又，象叉之形。"许慎说：叉指手指相交错。指事字，从又、一，像指间有物的形状。

"叉"字的本义是"手指相交错"；也指手指与物相交错；泛指交错。读音有四个声调，声调不同，意思也不同。

读阴平 chā，意思是"交错"，如"用叉取东西"，《文选·潘岳·西征赋》："挺叉来往。"注："叉，取鱼叉也。"又如"叉手"、"叉腰"。

读阳平 chá，意思是"挡住、卡住"，如"一辆车叉在路口"。

读上声 chǎ，意思是"分开成叉形"，如"叉腿"，指分开两腿。

读去声 chà，意思是"劈叉"，指两腿向相反方向分开，臀部着地，是体操、武术的一种动作。

ᐜ zhǎo　甲骨文《前》2.19.3作ᐜ，《说文》小篆ᐜ字上部多一横。《说文·又部》："爪，手足甲也。从又，象爪形。"许慎说：爪是手指、脚趾的指甲。象形字，从又，像手指上有指甲的形状。

这个字是在"又"字左下方增加一个"、"。金文手指、脚趾的指尖上有指甲盖儿，更是形象。

"爪"字的本义就是"人的手指、脚趾的指甲"，如《礼记·丧大记》："小臣爪足。"也用为"鸟兽的脚趾或趾甲"，如《荀子·劝学》："蚓无爪牙之利。"又如"鹰爪"。而"爪牙"则是比喻党羽、狗腿子。成语"一鳞半爪"，原指龙在云中，东露一鳞，西露半爪，若隐若现，看不到它的全貌。比喻只是事物的一部分，或是零星片段的。

　　爪 zhuǎ　　甲骨文《乙》3471作，金文《师克盨盖》作，《说文》小篆作爪。《说文·爪部》："爪，覒也。覆手曰爪。象形。"许慎说：爪义是用手抓、掐。象形字，像手掌向下一翻的形状。

"爪"字的本义是"用手抓、掐"。

这个"爪"是"抓"的本字，文献用为"抓"，如唐柳宗元《种树郭橐驼传》："甚者爪其肤以验其生枯。"意思是甚至掐破树皮来观察它是死是活。

爪指"禽兽的脚"，如"鸡爪子"。也用来比喻"像爪的物"，如这个铁锚有三个爪子。

注意："叉"、"爪"二字，《说文》分在两个部首里面，表示两个意义。现在"⚡"字不用了，都使用"爪"字。表示"抓握"意义时，都加提手"扌"，写作"抓"。

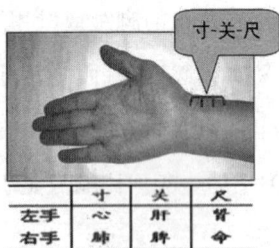

寸、关、尺

寸 cùn 《说文》小篆作彐。《说文·寸部》："寸，十分也。人手却一寸动脉，谓之寸口。从又，从一。"许慎说：寸是长度单位，一寸等于十分。从人的手腕横纹后退一寸，到大拇指一侧动脉位置，中医称为寸口。寸口到手腕横纹的距离为一寸。指事字，从又，从一，"又"就是手，"一"指事寸口。

"寸"字的本义是"长度单位，一寸等于十分"，如《大戴礼记·主言》："布指知寸，布手知尺，舒肘知寻。"布指，伸开手指。一寻是八尺。《后汉书·列女传》："一丝而累，以至于寸，累寸不已，遂成丈匹。"句意是一根丝一根丝地积累起来，才达到一寸半，一寸一寸地积累，才能成丈成匹。这是羊子妻规劝丈夫的话。东汉人羊子出外求学，一年后回到家中，妻子跪起身问他回来的缘故。羊子说："出行在外久了，心中想念家人，没有别的特殊的事情。"妻子听后，拿起刀来快步走到织机前说道："这些丝织品都是从蚕茧中生出，又在织机上织成。一根丝一根丝地积累起来，才达到一寸半，一寸一寸地积累，才能成丈成匹。现在如果割断这些正在织着的丝织品，那就无法成功（织出布匹），迟延荒废时光。你积累学问，就应当'每天都学到自己不懂的东西'，以此成就自己的美德；如果中途就回来了，那同切断这丝织品又有什么不同呢？"羊子被他妻子的话感动了，重新回去修完了自己的学业，并且七年没有回来。

（三）抓握与相关汉字

及 jí　甲骨文《粹》665作，《保卣》作；《说文》小篆作。《说文·又部》："及，逮也。从又，从人。徐锴曰：'及前人也。'"许慎说：及义是逮住。会意字，以人、又表示逮住。徐锴说：及是追上前面的人。

"及"字的本义是"后面的人赶上来用手抓住前面的人"，这个意义文献很少使用。常用为"到"或"到达"，如《左传·隐公元年》："不及黄泉，无相见也。"《左传·僖公三十三年》："及诸河，则在舟中矣。"《史记·项羽本纪》："使人追宋义子，及之齐，杀之。"《左传·齐桓公伐楚》楚子与师言曰："君处北海，寡人处南海，唯是风马牛不相及也。不虞君之涉吾地也，何故？"意思是说：楚成王派使节到齐军军营对齐桓公说："您住在北方，我住在南方，因此牛马发情相逐也到不了双方的疆土，没想到您进入了我们的国土。这是什么缘故？"

《孟子·梁惠王上》："老吾老以及人之老。"这个"及"是"推及"。《战国策·齐策》："徐公何能及君也？"唐韩愈《师说》："郯子之徒，其贤不及孔子。"这两个"及"是"比得上"。《汉书·李广苏建传》："事如此，此必及我。"这个"及"是"连累"。《左传·僖公二十二年》："彼众我寡，及其未既济也，请击之。"这个"及"是"趁着"的意思。

秉 bǐng　甲骨文《续》6.23作𧾷，金文《班簋》作𥝤，《说文》小篆作𥟖。《说文·又部》："秉，禾束也。从又持禾。"许慎说：秉是一把禾。会意字，以手里拿着一把禾示意。

"秉"字的本义是"手里拿着一把禾"，如《诗经·小雅·大田》：

手持一把禾（秉）

"彼有遗秉，此有滞穗，伊寡妇之利。"意思是那儿掉下一束禾，这儿散穗三五点，照顾寡妇任她捡。《左传·昭公二十七年》："或取一秉秆焉。"

引申为"握持"，如《诗经·商颂·长发》："武王载斾，有虔秉钺。"意思是武王兴师扬旗亲征，威风凛凛手持斧钺。唐白居易《观刈麦》："右手秉遗穗，左臂悬敝筐。"

引申为"主持"、"掌握"，如《汉书·霍光传》："光秉政前后二十年。"

通"柄"，"权力"、"权柄"，如《管子·小匡》："治国不失秉。"《左传·哀公十七年》："国子实执齐秉。"

而《诗经·大雅·丞民》："民之秉彝，好是懿德。"《诗经·小雅·小弁》："君子秉心，维其忍之。"秉心：犹言居心、用心；忍：残忍。意思是父亲大人的居心，为何这样残忍。

反 fǎn　甲骨文《前》2.41 作 ，金文《小臣逨簋》作 ，《说文》古文作 ，《说文》小篆作 。《说文·又部》："反，覆也。从又，厂反形。 ，古文。"许慎说：反就是覆，翻转。形声字，又是形符，厂是声符。古文从又，从阜。

段玉裁认为从又，厂声，是对的。高鸿缙以为是"扳"字初文，像手扳厓岩之形。声符厂也有表意作用。《说文》古文也表

攀岩

示扳援之意。

"反"字的本义是"翻转",如《诗经·周南·关雎》:"悠哉悠哉,辗转反侧。"由"翻转"引申为"相反",与"正"相对,如《论语·颜渊》:"子曰:'君子成人之美,不成人之恶。小人反是。'"《韩非子·六反》:"害者,利之反也……乱者,治之反也。"由"相反"引申为"违背",如《国语·周语》:"言爽,日反其信。"韦昭注:"反,违也。"

用同"返",如《尚书·五子之歌》:"畋于有洛之表,十旬弗反。"汉贾谊《过秦论》:"虚囹圄而免刑戮,去收孥污秽之罪,使各反其乡里。"宋苏轼《后赤壁赋》:"反而登舟,放乎中流,听其所止而休焉。"由"返"引申为"往返",如《国语·越语下》:"(越)遂兴师伐吴,至于五湖,吴人闻之,出而挑战,一日五反,王弗忍,欲许之。"《史记·刺客列传》:"严仲子至门请,数反,然后具酒自畅聂政母前。"宋洪迈《夷坚甲志·义鹘》:"少选飞起,已复下,如是数反,蛇裂为三四,鹘亦不食而去。"由"往返"引申为"回报"、"复命",如《公羊传·宣公十五年》:"(司马子反)揖而去之,反于庄王。"又引申为"重复",如宋陆游《赠苏赵叟兄弟》诗:"携文数过我,每读必三反。"引申为"类推",如《论语·述而》:"举一隅不以三隅反,则不复也。"

用为"反对",如《庄子·寓言》:"与己同则应,不与己同则反。"汉赵晔《吴越春秋·夫差内传》:"昔天以越赐吴,吴不肯受,是天所反。"用为"反叛"、"造反"、"谋反",如《墨子·号令》:"诸吏卒民,有谋杀伤其将长者,与谋反同罪。"《史记·樗里子甘茂列传》:"蜀侯辉,相壮反,秦使甘茂定蜀。"唐韩愈《答元侍御书》:"前岁辱书,论甄逢父济识安禄山必反,即诈为喑弃去。"用为"反省",如《孟子·公孙丑上》:"自反而不缩,虽褐宽博,吾不惴焉;自反而缩,虽千万人,吾往矣。"《淮南子·氾论训》:"纣居于宣室而不反其过。"用为"报复",如《孟子·梁惠王下》:"夫民今而后得反之也。"《孟子·公孙丑上》:"无严诸侯,恶声至,必反之。"用为"毁坏"或"推倒",如《商君书·赏刑》:"(晋)举兵伐曹、五鹿,及反郑之埤。"《韩非子·外储说右上》:"南围郑,反之陴。"用为"翻案",如《史记·平准书》:"杜周治之,狱少反者。"司马贞索隐:"反,谓反使从轻也。"用为"倒掉",如《汉书·张安世传》:"何以知其不反水浆耶?"用为"反而",如《诗经·邶风·谷风》:"不我能慉,反以我为雠。"唐杜甫《五盘》诗:"地僻无网罟,水清反多鱼。"

通"贩",如《荀子·儒效》:"积反货而为商贾。"杨倞注:"反读为贩。"

叔 shū　甲骨文作⁀①，金文作⁀、⁀，《说文》小

篆作⁀。《说文·又部》："叔，拾也。从又，尗声。汝

南名收芋为叔。⁀，叔或从寸。"许慎说：叔义是拾取。

形声字，又是形符，尗是声符。汝南郡人称收芋为叔。

　　"叔"字的本义是"拾取"，如《诗经·豳风·七月》："九

月叔苴，采荼薪樗。""叔"是拾取；苴是麻籽，可吃。意思是九

月拾取秋麻子，采摘苦菜又砍柴。

　　用为"伯、仲、叔、季，兄弟排行次序的第三位"，如《仪

礼·士冠礼》："伯某甫，仲叔季，唯其所当。"宋文天祥《〈指

南录〉后序》："数吕师孟叔侄为逆。"

　　称父亲的弟弟为"叔父"；称跟父亲同辈而年纪较小的男子

为"叔叔"；丈夫的弟弟为"小叔子"；对与父亲年龄相仿的陌生

男子，不论其年龄是否大于父亲，都可以称"叔叔"。

史 shǐ　甲骨文一期《前》7.3.2作⁀，《粹》1244

作⁀，四期《摭续》②91作⁀；金文《史鼎》作⁀，《臣

辰卣》作⁀，《此簋》作⁀；《说文》小篆作⁀。《说

---

　　① 徐中舒主编：《甲骨文字典》，成都：四川辞书出版社1989年版，第292页。

　　② 《摭续》，即《殷契摭遗续编》，李亚农，商务印书馆，1950年。以下重复出现的简称《摭续》，不再注释。

文·史部》："史，记事者也。
从又持中；中，正也。"许慎
说：史是王者身边的记事官员，
随时记录王说的话、做的事，
从又持中示意，中是如实记录，
即中正不偏。中像何物？许慎
没有解说。

代人书写者

对"史"字和"史"字部件
"中"的解释，学界分歧较大：

中是"中正不偏"，史是中正不偏的史官，如《说文·史部》
认为中是"中正不偏"。

中是"笔杆"，史是拿笔杆的人，如宋戴侗《六书故》
（五）："史，掌书之官也。秉聿以俟，史之义也。"

中是"簿书"，史是掌管文书的人，如清江永《周礼疑义举
要》："凡官署簿书谓之中，故诸官言治中受中，小司寇断庶民讼
狱之中，皆谓簿书，犹今之案卷也。此中字之本义，故掌文书者
谓之史。其字从又，从中，又者右手，以手持簿书也。"①

中是"简册"，史是手拿简册记事的人，如清吴大澂《说文

① 转引自章炳麟：《文始》（七），台北：中华书局1970年版。见古文字诂
林编纂委员会：《古文字诂林》（第三册），上海：上海教育出版社2004年版，第
468、469页。

古籀补》："史，记事者也，象手持简形。"① 林义光《文源》："中象简形，执简所以记事。"②

中是"盛算器物"，史是手拿算筹记事的人，如清阮元《积古斋钟鼎彝器款识》："中，射礼所用以实算者，以手执之，奉中之义。"王国维《释史》："是中者，盛算之器也……射时舍算，既为史事，而他事用算者，亦史之所掌……算与简策本是一物，又皆为史之所执，则盛算之中，盖亦用以盛简……然则史字从又持中，义为持书之人。"③ 陈梦家于1955年时说："对于王氏（王国维）此说，久所致疑，今因此器可释然于怀。"④ 改变了他19年前（1936年）"史为田猎之网，而网上出干者，博取兽物之具也"⑤ 的认识。

中是"上面插旗"，史是外出记事的人，如付东华（约斋）《字源》："中上插旗，表明史出去办公。"⑥

---

① 林义光：《文源》（第六卷），上海：中西书局2012年版，第31页。

② 阮元：《积古斋钟鼎彝器款识》（第五卷），北京：中华书局1985年版，第19页。

③ 王国维：《释史》，《观赏集林》第八卷，石家庄：河北教育出版社2003年版。见古文字诂林编纂委员会：《古文字诂林》（第三册），上海：上海教育出版社2004年版，第465页。

④ 陈梦家：《西周铜器断代》（二），《考古学报》1955年第10期。见古文字诂林编纂委员会：《古文字诂林》（第三册），上海：上海教育出版社2004年版，第471、472页。

⑤ 陈梦家：《史学新释》，《考古》1936年第5期。见古文字诂林编纂委员会：《古文字诂林》（第三册），上海：上海教育出版社2004年版，第471、472页。

⑥ 约斋：《字源》，南京：东方书店1953年版，第134页。

中是"捕猎工具"，史是记录猎获物的人，如徐中舒《甲骨文字典》："从又持干，是事的初文。上部象口的形体，象捆绑的绳索。古代先民以捕猎为业，事指捕猎之事，后来分化为史、吏、使等字。"[1]

以上七种意见，"史"是"记事的人"是一个共同点。夏商时代，史分左史、右史，《礼记·玉藻》："动则左史书之，言则右史书之。"班固、郑玄认为"右史记事，左史记言"。如汉班固《汉书·艺文志》："左史记言，右史记事。"汉郑玄《六艺论》："右史记事，左史记言。"都说是右史记事。这是对的。"史"在夏商是官职，主要职责就是记事，也负责记录王说的话。

《易·巽》："巽在床下，用史巫纷若，吉，无咎。"巽，即顺，此处指"伏"；史，向神祷告的人；巫，降神的人；纷若，乱纷纷的样子。整句的意思是病人怕鬼，伏在床下，史巫乱纷纷地祷告，吉祥，没有灾祸。"史"字，最早的文献《易·巽》用为"向神祷告的人"，当是"史"字的本义。"记事"、"记言"当是引申义。

由"向神祷告的人"引申为"史官"，古官名，但职责不同：一指殷代为驻守于外的武官，如卜辞："在北史其获羌。"二指在王左右的史官，担任祭祀、星历、卜筮、记事等职，如《尚书·

---

[1] 徐中舒主编：《甲骨文字典》，成都：四川辞书出版社1989年版，第316页。

金縢》："史乃册祝?"《周礼·春官·占人》："（凡卜筮）史占墨，卜人占坼。"《礼记·玉藻》："动则左史书之，言则右史书之。"《左传·昭公十二年》："是良史也。"意思是这是好史官。三指下级佐史，如《诗经·小雅·宾之初筵》："或佐之史。"毛传："佐酒之史。"《周礼·天官·宰夫》："六曰史，掌官书以赞治。"郑玄注："赞治，若今起文书草也。"《汉书·百官公卿表》："百石以下，有斗食、佐史之秩，是为少吏。"

由"史官"引申为"史书"，如《史通·叙事》："史之烦芜。"意思是历史是很繁杂的。又如史部、史记、史册、史籍、历史等。

由"史书"引申为"虚夸"，如《仪礼·聘礼》："辞多则史，少则不达，辞苟足以达，义之至也。"《论语·雍也》："子曰：'质胜文则野，文胜质则史，文质彬彬，然后君子。'"意思是质朴胜过了文饰就会粗野，文饰胜过了质朴就会虚夸，质朴和文饰比例恰当，然后才可以成为君子。

"史"字甲骨文的用法有四：一用如事，事业。二用为担任职务的人的称呼。三用如使，使命。四用为一期贞人的名字。

"古文事史使三文不分"①，后分化。区别意义的时候，要根据上下文的语境来确定语义。

---

① 杨树达著，中国科学院考古研究所编：《积微居金文说（增订本）》，北京：科学出版社 1959 年版，第 174 页。

中 zhōng　甲骨文《粹》12.18 作 ，《前》1.6 作 ，

《甲》39 作中；金文《颂鼎》作 ；《说文》古文作 ；

《说文》籀文作 ；《说文》小篆作 。《说文·丨部》：

"中，内也。从口、丨，上下通。"许慎说：中表示"在

里面"。

从字形分析，"中"外部像口，实际不是口，小篆错写，而
是表示一定范围；中间的丨，在其内，前后左右，都不出其范
围；籀文中像旗杆，中间加口，表示中部。"中"是个指事字，
表示"中间"。

"中"字的甲骨文字形，像旗杆，上下有旌旗和飘带，旗杆
在正中竖立。本义是"中心"，指一定范围内适中的位置。

"中心"是个泛概念，可具体分析为：

表示"与两端等距离的位置"，如《后汉书·列女传》："若
中道而归。"《玉台新咏·古诗为焦仲卿妻作》："中道还兄门。"
表示"与四周等距离的位置"，如《韩非子·扬权》："事在四
方，要在中央。"《后汉书·光武帝纪》："光武乃与敢死者三千
人，冲其中坚。"表示"与两点等长的时间"，如《韩非子·五
蠹》："中古之世（此指虞夏时期）。"晋陶渊明《桃花源记》：
"晋太元中，武陵人捕鱼为业。"表示"范围之内，内部"，如
《荀子·非相》："五帝之中无传政。"指宫禁之内，也借指朝廷，

如《史记·李斯列传》："赵高常侍中用事，事皆决于赵高。"唐韩愈《祭董相公文》："公来自中，天子所倚。"表示"中正不偏"，如《礼记·玉藻》："头颈必中。"《论语·雍也》："中庸之为德也，其至矣乎！"表示"内心"，如汉曹操《短歌行》："忧从中来。"《史记·淮阴侯列传》："若虽长大，好带刀剑，中情怯耳。"

以上都读平声。以下读去声：表示"合乎心意"，如《庄子·养生主》："砉然向然，奏刀騞然，莫不中音。"《荀子·劝学》："其曲中规。"表示"射中"，如宋欧阳修《醉翁亭记》："见其发矢十中八九，但微颔之。"表示"中计"，即落入别人设下的圈套，如《战国策·齐策》："是秦之计中，齐燕之计过矣。"表示"诬陷或恶意造谣，旨在毁坏人的名誉"，如《后汉书·杨秉传》："有忤逆于心者，必求事中伤。"

事 shì 甲骨文《佚》870 作 ；金文《宅簋》作 ，《史颂簋》作 ；《说文》古文作 ；《说文》小篆作 。《说文·史部》："事，职也。从史，之省声。"许慎说：事为官职、职务。形声字，史为形符，之省为声符。

许慎说"事为官职、职务"不是本义，是引申义，本义为

"狩猎"。"事"字上边是一个捕捉禽兽的长柄网，下边是一只左手，表示手拿捕猎的工具去打猎。《说文》古文上部为"之"，不见省。从金文字形看，"史"和"事"是两个字形。

由"狩猎"引申为不管做什么事情都可以称为事，如《论语·学而》："敏于事而慎于言。"三国蜀诸葛亮《出师表》："事无大小悉以咨之。"汉贾谊《过秦论》："延及孝文王、庄襄王，享国之日浅，国家无事。"此指战事。《史记·樊郦滕灌列传》："舞阳侯樊哙者，沛人也。以屠狗为事。"此指屠宰之事。

"侍奉"由"从事"引申而来，如《尔雅》："事，勤也。"《史记·信陵君窃符救赵》："尚安事客！"《玉台新咏·古诗为焦仲卿妻作》："奉事循公姥，进止敢自专？"唐李白《梦游天姥吟留别》："安能摧眉折腰事权贵，使我不得开心颜！"

作动词，传达朝廷命令并监督实施，如《类篇·史部》："事，令也。"《广韵·志韵》："事，使也。"唐柳宗元《捕蛇者说》："余将告于莅事者，更若役，复若赋，则何如？"

吏 lì　甲骨文《京》2220 作🖼；金文《令鼎》作🖼，《盂鼎》作🖼；《说文》小篆作🖼。《说文·一部》："吏，治人者也。从一，从史，史亦声。"许慎说：吏是小官，管理民事的人，会意兼形声字，用一、史示意。

"吏"字的本义是"小官",如《管子·朋法》:"吏者,民之所悬命也。"《战国策·齐策》:"群臣吏民能面刺寡人之过者,受上赏。"《汉书·惠帝纪》:"吏所以治民也。"唐杜甫《石壕吏》:"暮投石壕村,有吏夜捉人。"

聿 yù 甲骨文一期《京》1566 作🖌,一期《乙》8407 作🖌,三期《京》4359 作🖌;金文《聿方彝》作🖌,《女帝卣》作🖌;《说文》小篆作𦘒。《说文·聿部》:"聿,所以书也。楚谓之聿,吴谓之不律,燕谓之弗。从聿,一声。"许慎说"聿"就是写字的毛笔。楚地人称它为聿;吴地人称它为不律,不律是笔的切语,以两音节合成一个名词;燕地人称它为弗,地点不同,方音亦异。形声字,聿是形符,一是声符。

"聿"(yù)与"聿"(niè)形近,"聿"字少一横。《说文》有"聿"字,《说文·聿部》:"聿,手之聿巧也。从又持巾。"许慎说:聿指手巧。会意字,从又持巾,随时拂拭,表示手巧。甲骨文"聿"与"聿"二字明显不同,小篆写错了。许慎根据小篆字形,认为"聿"是形声字,不妥。甲骨文像手(🖐)持笔(🖌)形,笔杆直而长,下端分叉的是笔毛,秦代晚期篆文上面加竹(𥫗)写成"筆"字,简化作"笔"。"聿"是个象形字。

"聿"字的本义是"写字的毛笔"。由"聿"字可证，毛笔至迟在商代晚期的武丁时期就普遍使用了，毛笔的出现会更早，而出土实物只见于战国。早期笔杆可能是由木棍制作而成，秦代蒙恬造笔，改用竹管，所以小篆的"聿"增加"竹头儿"，简化字的"笔"从竹从毛。"聿"、"筆"、"笔"三字显示着笔的质地，蕴含着先民的智慧。

文献常借为助词，如《诗经·大雅·大明》："维此文王，小心翼翼，昭事上帝，聿怀多福。"意思是只有文王，小心谨慎，明奉上帝，心怀福气。《诗经·大雅·文王》："无念尔祖，聿修厥德。"意思是想念你的祖先，修明他的德行。

"聿"字甲骨文用为地名。

笔 bǐ 繁体作筆。《说文》小篆作篳。《说文·聿部》："筆，秦谓之筆。从聿，从竹。徐锴曰：'笔上便聿，故从聿。'"许慎说：筆就是聿，秦地人称它叫笔。会意字，聿义就是笔，竹是强调笔杆是用竹制作的。徐锴说：毛笔使用便捷，所以从聿。

笔，不是会意字，是形声字，从竹，聿声。

"笔"字的本义是"写字、画图的工具"，如《礼记·曲礼》："史载笔，士载言。"郑玄注："笔，谓书具之属。"孔颖达疏："史，谓国史，书录王事者。王若举动，史必书之；王若行往，则史载书具而从之也。"汉扬雄《法言·问道》："孰有书不由笔，言不由舌?""笔"指笔墨，"舌"指口舌。意思是哪有不是由笔写下的字，由舌说出的话。

用作动词"写字"，如《史记·孔子世家》："至于为《春秋》，笔则笔，削则削，子夏之徒不能赞一辞。"意思是到了写《春秋》时就不同了，应该写的一定写上去，应当删的一定删掉，就连子夏这些长于文字的弟子，也不能润改或增加一个词。《晋书·皇甫谧传》："留情笔削，敦悦'丘、坟'。""笔"指书写，"削"指删改时用刀削刮简牍。

指"笔画"、"笔顺"，是组成汉字的点、横、直、撇、捺等。"笔直"、"笔挺"是比喻像笔一样直，像笔一样挺。"笔者"指作者。"文笔"、"笔法"是写字、画画、作文的技巧或特色。"随笔"亦称杂文，是散文的一个分支，议论文的一个变体，兼有议论和抒情两种特性，通常篇幅短小、形式多样，写作者常用各种修辞手法来传达自己的见解和情感，语言灵动，婉而多讽，是言禁未开之社会较为流行的一种文体。

　　书 shū　繁体作書。甲骨文二期《京》1227作🖎；金文《免簋》作🖎，《颂簋》作🖎；《说文》小篆作書。《说文·聿部》："书，箸也。从聿，者声。"许慎说：书指书写，记载。也称写的字。形声字，聿是形符，者是声符。

  "书"字的甲骨文上面是"聿",右手执笔,下面的"口"像是盛墨水的器具。《兔簋》字形上面像是"者"字,变错了。者,《说文》小篆作𦘒。(一说甲骨文从聿从口的这个字,是不是"書"还不能确定。)

  "书"字的本义是"写",如《易·系辞》:"易之以书契。"《尚书序》疏:"书者,以笔画记之辞。"《史记·陈涉世家》:"乃丹书帛曰:'陈胜王',置人所罾鱼腹中。"晋陶渊明归去来兮辞》:"悦亲戚之情话,乐琴书以消忧。"宋欧阳修《学书费纸》:"学书费纸,犹胜饮酒费钱。"

  由"写"引申为"书",如《史记·韩非列传》:"申子、韩子皆著书。"《论语·先进》:"何必读书,然后为学?"《史记·礼书》索隐:"书者,五经六籍总名也。"明宋濂《送东阳马生序》:"家贫,无从致书以观,每假借于藏书之家。"

  由"写"引申为"书信",如唐杜甫《春望》:"烽火连三月,家书抵万金。"《石壕吏》:"一男附书至,二男新战死。"

  由"写"引申为"奏章",如《战国策·齐策·邹忌讽齐王纳谏》:"上书谏寡人者,受中赏。"《乐府诗集·木兰诗》:"军书十二卷,卷卷有爷名。"

  《后汉书·仲长统传》:"少好学,博涉书记。"书记,指书籍。《新唐书·高适传》:"掌书记。"书记,指文书。

  "聿"、"書"、"笔"、"律"诸字,都有一个"竹",表明商代晚期已经会使用竹作笔杆制造毛笔。

画 huà　繁体作畫。甲骨文一期《后下》4.11 作🖋，四期《屯南》① 134 作🖋；金文《子画簋》作🖋，《吴方彝》作🖋，《师兑簋》作🖋；《说文》古文作🖋、🖋；《说文》篆文作畫。《说文·聿部》："画（畫），界也。象田四界。聿，所以畫之。🖋，古文畫省。🖋，亦古文畫。"许慎说：画是划清界限，也是绘画的画。会意字，下面像田有四边的界限，表示划分的意义；上面是聿，聿是用来绘画的工具，表示绘画。

"画"字甲骨文上面是"聿"字，手里拿着笔，在画交叉的线条花纹图形，本义就是绘画的画。金文和小篆的下面增加一个"田"字，从田、聿声，意思是划分田界，《说文》古文、小篆字形是变错了。许慎的解释是根据小篆字形做出的。后来出现的"劃"则是根据《说文》古文。

"画"字的本义是"绘画"，如《庄子·人间世》："画地而趋。"汉司马迁《报任少卿书》："故士有画地为牢，势不可入。"由"绘画"引申为"划分地界"，同"划"，如《左传·襄公四年》："画为九州。"《汉书·地理志上》："（黄帝）画壄分州。""壄"是"野"字异体。由"划分地界"引申为"谋划"，同

---

① 《屯南》，即《小屯南地甲骨》，中国社会科学院考古研究所，4 589 片，1980 年。以下重复出现的简称《屯南》，不再注释。

"划"，如《商君书·更法》："孝公平画（评议谋划），公孙鞅、甘龙、杜挚三大夫御于君。虑世事之变，讨正法之本，求使民之道。"

甲骨文用为地名或人名。

八、皮肉与脂肪

皮肉，指皮肤和血肉，借指肉体。《列子·汤问》："黑卵（人名）悍志绝众，力抗百夫，筋骨皮肉，非人类也。"

皮肤是人体最外面的一层结构，由表皮、真皮、皮下组织三层组成，并含有血管、淋巴管、神经和肌肉等，既是神经系统的感觉器，又是效应器，冷、热、疼、情绪变化等都会引起皮肤血管的收缩和舒张。皮肤具有两个方面的屏障作用：一方面防止体内水分、电解质、其他物质丢失；另一方面阻止外界有害物质的侵入。皮肤保持着人体内环境的稳定，同时皮肤也参与人体的代谢过程。皮肤因人种、年龄及部位不同，有白、黄、红、棕、黑五种颜色。皮肤最厚处在足底部，厚度达4厘米，眼睛上的皮肤最薄，只有不到1毫米。

血液是流动在人的血管和心脏中的一种红色不透明的黏稠液体。血液由血浆和血细胞组成。ABO血型是人类的主要血型分类，可分为A型、B型、AB型及O型。血液的功能包含血细胞功能和血浆功能两部分，有运输、调节人体温度、防御、调节人体渗透压和酸碱平衡四个功能。血液的颜色是有差别的，血液的红色来自血红细胞内的血红蛋白，血红蛋白含氧量多的血液呈鲜红色（动脉血），含氧量少的呈暗红色（静脉血）。通常献血抽的是静脉血，所以外观看上去呈暗红色。同样体重的人，瘦者比肥胖者的血量稍多一些，男人比女人的血量要多一些。

脂肪，存在于人体和动物的皮下组织及植物体中，是生活体的组成部分和储能物质。人体内的脂肪有良好的功能，主要提供热能，保护内脏，维持体温，协助脂溶性维生素的吸收，参与机体各方面的代谢活动。

下面就皮肤、血肉及脂肪的相关汉字，解说形体，分析本义，梳理用法，逐个进行研究。

（一）皮肉与相关汉字

肌 jī　《说文》小篆作⺼。《说文·肉部》："肌，肉也。从肉，几声。"许慎说：肌指人的肌肉；泛指肉。形声字，肉是形符，几是声符。

"肌"字的本义是"肌肉"，如《史记·扁鹊列传》："乃割皮解肌，诀脉结筋。"《韩非子·喻老》："病在肌肤。"唐杜甫《丽人行》："肌理细腻骨肉匀。"

肤 fū　繁体作膚。金文《九年卫鼎》作釁，《说文》

籀文作▨，《说文》小篆作▨。《说文·肉部》："肤
（臚），皮也。从肉，盧声。膚，籀文臚。"许慎说：肤
指人的皮肤。形声字，肉是形符，盧是声符。籀文盧省
声。后来"肤"字写作"膚"，简化作"肤"；臚字读
lú，简化作胪。

"肤"字的本义是人的"皮肤"，如《易·夬》："臀无肤，
其行次且。"《诗经·卫风·硕人》："手如柔荑，肤如凝脂。"
《论语·颜渊》："肤受之愬。"《商君书·算地》："衣不暖肤。"
后也指动物的"皮肤"，如《礼记·内则》："脯羹，兔醢；麋
肤，鱼醢。"

肉 ròu　甲骨文三期《甲》1823 作▨，《说文》小篆
作▨。《说文·肉部》："肉，胾肉。象形。"胾，读 zì，
大块的肉。许慎说：肉是切成大块的动物的肉，为供食
用，引申也称人肉。象形字。像一块肉的形状。甲骨文
用为"切成大块的肉"。

古代文献中，"肉"字指"动物肉"，如《左传·隐公元
年》："公赐之食，食舍肉。"《左传·庄公十年》："肉食者鄙，
未能远谋。"《孟子·梁惠王上》："七十者可食肉矣。"引申指

"人肉"，人是高级动物，如《墨子·节葬》："其亲戚死，朽其肉而弃之，然后埋其骨。"《战国策·赵策》："人主之子也，骨肉之亲也。"《史记·廉颇蔺相如列传》："肉袒负荆。"唐聂夷中《伤田家》："医得眼前疮，剜却心头肉。"又可引申指"瓜果肉"，如"枣肉"、"果肉"等。

由于《说文》篆文"月"字写作𝔅，与篆文的"肉"𝔅字字形相同，所以很多汉字的"月"旁表示肉的意义，如肥、胖、肿、胀、脂、肪、腹、腔、脑、膜、腥、臊等。

血 xiě xuè　甲骨文一期《铁》176.4 作𝔅，二期《前》4.33.2 作𝔅；《说文》小篆作𝔅。《说文·血部》："血，祭所荐牲血也。从皿、一象血形。"许慎说：血的意思是祭祀时用的牲畜的血。会意字，以皿、一示意，一像是器皿中的血。这是根据讹变的小篆解说的，甲骨文中的"血"是一个高脚器皿，里面不是"一"，而是一个小圆圈儿，表示皿中有血滴。

有学者将"血"分析为指事字，不妥。指事字是在独体象形字的基础上添加指事符号而成的独体字，"血"字去掉血滴，是一个独立的象形字"皿"，以皿中盛血滴示意，表示器皿中有血，所以"血"是个会意字。

"血"的本义是"牲血",如《周礼·大宗伯》:"以血祭祭社稷、五祀、五岳。"《公羊传·僖公十九年》:"叩其鼻以血社也。"

由"牲血"引申为"人血",如《易·屯》:"乘马班如,泣血涟如。"《论语·季氏》:"及其壮也,血气方刚,戒之在斗。"《汉书·晁错传》:"兵可毋血刃而俱罢。"汉贾谊《益攘》:"炎帝无道,黄帝伐之,涿鹿之野,血流漂杵。"《晋书·王睿传》:"兵不血刃,攻无坚城。"作战,武器不沾血;攻城,没有攻而不破的。

"血玉",指"染玉",如《山海经·南山次经》:"仑者(山名)之山有木焉……可以血玉。"

"血气",指"精力",如《论语·季氏》:"孔子曰:'君子有三戒:少之时,血气未定,戒之在色;及其壮也,血气方刚,戒之在斗;及其老也,血气既衰,戒之在得(贪得无厌)。'""血气",也指"生命",如《左传·昭公十年》:"凡有血气,皆有争心。"意思是凡是有生命的,都有争夺之心。

甲骨文中的"血"字用法有五:一为用牲法,即祭祀时用的牲畜的血。二为祭名。三为血室,即宗庙名。四为血子,祭祀对象。五为地名。

（二）脂肪与相关汉字

脂 zhī　　《说文》小篆作𦜶。《说文·肉部》："脂，戴角者脂，无角者膏。从肉，旨声。"许慎说：脂就是脂肪，有角动物的脂肪叫脂，无角动物的脂肪叫膏。形声字，肉是形符，旨是声符。

"脂"字的本义是"脂肪"，如《易·本命》："有羽者脂。"《诗经·卫风·硕人》："手如柔荑，肤如凝脂。"意思是手指柔软如茅芽，肌肤细滑如脂膏。《周礼·考工记·梓人》："宗庙之事，脂者膏者以为牲。"《礼记·内则》："脂膏以膏之。"唐王维《西施咏》："邀人傅脂粉，不自着罗衣。"此中的"脂"则是用来化妆涂抹的细滑粉末。

肪 fáng　　《说文》小篆作𦜕。《说文·肉部》："肪，肥也。从肉，方声。"许慎说：肪是脂肪。形声字，肉是形符，方是声符。段玉裁说："肥亦当作脂。"意思是肥，就是脂肪多。此说法是对的。

"肪"字的本义是"脂肪"。脂肪是生物体内贮藏能量的物质。对动物有保护和支持的功能，也有减少机体热量散失、维持恒定体温的作用。

膏 gāo　甲骨文《前》2.15作🔲，《后下》5.1作🔲；《说文》小篆作🔲。《说文·肉部》："膏，肥也。从肉，高声。"许慎说：膏指脂肪。形声字，肉是形符，高是声符。段玉裁注："肥当作脂。"此说法是对的。

"膏"字的本义是"脂肪"，如《易·鼎》："雉膏不食。"引申指"膏油"，如《三国志·周瑜传》："实以薪草，膏油灌其中。"唐韩愈《答李翊书》："养其根而竢其实，加其膏而希其光。""稠糊状物"也称膏，如《礼记·礼运》："故天降膏露，地出醴泉。""膏"还可用来形容肥沃的土地，如《战国策·赵策》："今媪尊长安君之位，而封之以膏腴之地。"《史记·齐太公世家》："膏壤二千里。"

腴 yú　《说文》小篆作🔲。《说文·肉部》："腴，腹下肥也。从肉，臾声。"许慎说：腴义是肚腹下部的肥肉。形声字，肉是形符，臾是声符。段玉裁注："肥也"当作"肥者"。此说法是对的。

"腴"字的本义是"肚腹下部的肥肉",如《礼记·少仪》:"君子不食圂腴。"《论衡·语增》:"桀纣之君,垂腴尺余。"

肥 féi　《说文》小篆作𦟗。《说文·肉部》:"肥,多肉也。从肉,从卪。臣铉等曰:'肉不可过多,故从卪。'"许慎说:肥义为胖,脂肪多。会意字,以肉、卪示意。徐铉等认为:肉不能过多,所以字形从卪。卪为节制。

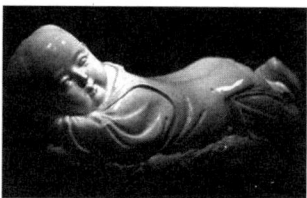

定窑白釉孩儿枕小胖孩

许慎认为"肥"是会意字,不妥;徐铉的解释,也不妥。小徐本作卪声,是个形声字。

"肥"字的本义是"人胖,脂肪多",如《大戴礼记·易本命》:"坚土之人肥。"泛指"肉肥",如《孟子·梁惠王上》:"庖有肥肉,厩有肥马。"专指"鱼肥",如唐张志和《渔歌子》:"桃花流水鳜鱼肥。"又专指"地肥",土地肥沃,《荀子·富国》:"掩地表亩,刺草殖谷,多粪肥田,是农夫众庶之事也。"汉贾谊《过秦论》:"不爱珍器重宝肥饶之地。"

"肥料",依成分可分为无机肥料和有机肥料,是提供一种或一种以上植物必需的营养元素,是改善土壤性质、提高土壤肥力水平的一类物质，是农业生产的物质基础之一。中国早在西周时就已知道田间杂草在腐烂以后，有促进黍、稷生长的作用。

"肥差"，指可以捞油水、饱私囊的差使。邹鲁在《中国同盟会》中说："当时宣言事平裁撤，乃事平之后，非惟不裁，且益增加，政府视为利薮，官吏视为肥差，骚扰搜括，民无宁日。"范文澜在《中国近代史》中说："军官们日日以算口粮、争供应为事，奔走钻营，求制办火药木料等肥差。"

"肥缺"，多指非法收入多的官职，通常这些职位比较容易收受贿赂，有实权能实现权钱交易。"缺"指官位出现了空缺。科举时代考上进士，常常不是立即分配职务，而是在某部候补，等有缺了就补上，叫"补缺"。

> **脱 tuō** 《说文》小篆作𦚞。《说文·肉部》："脱，消肉臞也。从肉，兑声。"臞，读 qú，义为消瘦。许慎说：脱义是消瘦。形声字，肉是形符，兑是声符。

许慎解释"消瘦"不是本义，是引申义。"脱"字的本义是"肉去皮骨"，如《礼记·内则》："肉曰脱之，鱼曰作之，枣曰新之。"

由"肉去皮骨"引申为"离开"，就是从某种环境或状态中分离出来，可细分为八个方面的意义：

一为"脱离"，指鱼儿离开水，如《韩非子·喻老》："如鱼不可脱于深渊。"

二为"显露"，指锥尖穿出布袋，比喻有才能的人得到机会，即能显露全部才能，如《史记·平原君虞卿列传》："平原君曰：'夫贤士之处世也，譬若锥之处囊中，其末立见。'毛遂曰：'臣乃今日请处囊中耳。使遂蚤得处囊中，乃颖脱而出，非特其末见而已。'"颖，锥尖。锥尖穿出布袋，比喻才能全部显露出来。唐李白《与韩荆州书》："愿君侯不以富贵而骄之，寒贱而忽之，则三千宾中有毛遂，使白得颖脱而出，即其人焉。"唐柳宗元《至小丘西小石潭记》："颖脱而出。"

三为"解脱"，指苦恼离开人的意识，如《诗经·召南·野有死麇》："舒而脱脱兮，无感我帨兮。"《庄子·天道》："老子曰：'夫巧知神圣之人，吾自以为脱焉。'"《淮南子·精神》："则脱然而喜矣。"

四为"逃脱"，指身体离开某个地点，如《史记·廉颇蔺相如列传》："幸得脱矣。"宋文天祥《〈指南录〉后序》："自度不得脱。"

五为"掉下"，指树叶离开树枝，如宋苏轼《后赤壁赋》："霜露既降，木叶尽脱。"宋欧阳修《秋声赋》："草拂之而色变，木遭之而叶脱。"

六为"取下"，指鞋帽离开身体，如"脱帽"、"脱鞋"。又如《玉台新咏·古诗为焦仲卿妻作》："揽裙脱丝履。"《乐府诗集·木兰诗》："脱我战时袍。"

　　七为"脱口"，指话语离开嘴口，指随口说话，不经考虑，形容说话不慎重，也形容才思敏捷，对答如流，如《管子·霸形》："言脱于口。"

　　八为"漏掉"，指字词离开文稿，如"脱漏"、"脱字"、"脱误"。

九、胸背与腹腔

　　胸，人体颈下腹上的部分，又叫"胸脯"、"胸膛"、"胸腔"。胸部皮肤柔滑，肋骨健壮而对称。胸腔容纳着人体的重要器官，中间的心包裹着心脏。心脏不停息地一收一缩，每跳动 28 次，便把血液由动脉运送到静脉，再分布到微细血管。肺一张一弛，呼出二氧化碳，吸进新鲜氧气。生活中，人们也常借"胸"指"心里"，如"胸怀"，指抱负、气量；"胸无点墨"，指读书太少，文化水平不高；"直抒胸臆"，胸臆即胸腔，内心，引申为心意，整个意思是直率地抒发自己的思想感情。

　　脊，人背中间的骨头，又称"脊椎"、"脊柱"。脊柱由 24 块椎骨（颈椎 7 块，胸椎 12 块，腰椎 5 块）、1 块骶骨和 1 块尾骨借韧带、关节及椎间盘连接而成。脊柱上端承托颅骨，下联髋骨，中附肋骨，并作为胸廓、腹腔和盆腔的后壁。脊柱内部有纵形的椎管容纳脊髓。脊柱具有支持躯干、保护内脏、保护脊髓和进行运动的功能。由于脊椎是人体的中轴骨骼，是身体的支柱，有负重、减震、保护和运动等功能，所以常用来比喻具有民族精神的精英人物，如"民族的脊梁"。

　　腹，胸和骨盆之间的部分。腹部的功能是消化，人体的消化、吸收大都在这个部位进行。腹腔的消化道包括上消化道中的下食道、胃、十二指肠和下消化道中的空肠、回肠和大肠。其中，大肠又包括盲肠、阑尾、结肠（升结肠、横结肠、降结肠、乙状结肠）和直肠。其他重要的器官有肝、肾、胰和脾。

对胸背与腹腔及相关汉字，下面从胸背、腹腔两个层次，解说形体，分析本义，梳理用法，逐个进行研究。

（一）胸背与相关汉字

心 xīn　甲骨文《甲》3510作♡；金文《师望鼎》作♡，《散盘》作♡，《克鼎》作♡；《说文》小篆作♡。《说文·心部》："心，人心，土藏，在身之中，象形。博士说，以为火藏。"许慎说：心就是人的心脏。按照五行学说，心是土藏主土，在身体正中。象形字，像心的形状。今文经博士认为心主火。

"心"字是人心的象形字，本义是"人的心脏"，如《诗经·小雅·杕杜》："日月阳止，女心伤止。"《孟子·告子上》："心之官则思，思则得之，不思则不得也。"古人以为心是思维器官，此观点是不对的，大脑才是思维器官。

"心"指"思想"、"感情"，如《诗经·小雅·巧言》："他人有心，予忖度之。"《礼记·大学》："富润屋，德润身，心广体胖。"《汉书·外戚传》："皆心仪霍将军女。"

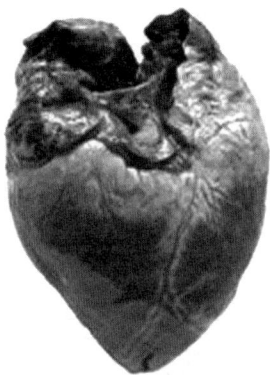

心脏摄影图

因为心在身体正中，所以泛指"中央"，如唐白居易《琵琶行（并序）》："东船西舫悄无言，唯见江心秋月白。"

"心"用在字体的三个位置，有三种形体。第一种作"心"，位于字体下部，如"忍"、"望"等字；第二种作"忄"，位于字体左侧，如"惕"、"恃"等字；第三种作"心"字变体，位于字体底部，如"慕"、"恭"等字。

人的心脏位于胸腔，形状像个大桃子，心脏收缩时，其大小与自己的拳头近似。

医学上说：心脏是一个由肌肉组成的中空的"泵"，它不断地将血液泵至全身各处，尽管心脏只有拳头般大小，但在人的一生中，它一共泵出大约 340 000 000 升（90 000 000 加仑）的血液。与心脏相连的大血管负责运输血液到肺部和全身，然后再运送血液返回心脏。而心脏表面的血管则相对小得多，它们只负责为心脏供应氧气和养料，并带走它产生的废物（如二氧化碳）。

肓 huāng　　《说文》小篆作肓。《说文·肉部》：

"肓，心下鬲上也。从肉，亡声。《春秋传》曰：'病在肓之下。'"许慎说：肓在心脏之下，隔膜之上的部位。形声字，肉是形符，亡是声符。《左传·成公十年》："疾在肓之上。"就是指的这个部位。

"肓"字的本义是"心下鬲上"，如《左传·成公十年》："居肓之上、膏之下，若我何?"晋杜预注："肓，鬲也；心下为膏。"唐孔颖达疏："此膏，谓连心脂膏也。"心脏的下面是"膏"，即心尖上的脂肪是"膏"。段注《说文》："肓，心下鬲上也……肓，鬲也，统言之。许云'鬲上为肓者'，析言之。鬲上肓，肓上膏，膏上心。"肓指心脏与隔膜之间的空隙，"膏"、"肓"、"鬲"三字所指的位置也很明确。《左传·成公十年》又说："在肓之上、膏之下，攻之不可，达之不及，药不至焉，不可为也!"膏、肓均属于人体深层部位，中医认为这是药力达不到的部位，比喻病重无法医治了，成语有"病入膏肓"，即出此处。

肺 fèi　《说文》小篆作𦜝。《说文·肉部》："肺，金藏也。从肉，市声。"许慎说：肺在五行中是属金的内脏，人和高等动物的呼吸器官。形声字，肉是形符，市是声符。

肺，位于胸腔，左边一个，右边一个，覆盖在心上。肺有分叶，左二右三，共五叶。肺经气管、支气管与喉、鼻相连，故称喉为肺之门户，鼻为肺之外窍。肺在五脏六腑中位置最高，覆盖诸脏，故有"华盖"之称。肺叶娇嫩，不耐寒热燥湿诸邪之侵；肺又上通鼻窍，外合皮毛，与自然界息息相通，易受外邪侵袭，故有"娇脏"之称。

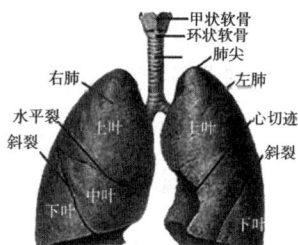

肺叶

膺 yīng　《说文》小篆作𦡝。《说文·肉部》："膺，胸也。从肉，雁声。"许慎说：膺就是胸。形声字，肉是形符，雁是声符。

"膺"字的本义是"胸"，如《国语·鲁语》："无掏膺。"《楚辞·惜诵》："背膺拌合以交痛兮。"《楚辞·悲回风》："编愁苦以为膺。"清袁枚《祭妹文》："旧事填膺，思之凄梗。"又如"义愤填膺"，义愤，对违反正义的事情所产生的愤怒；膺，胸。整个词义为胸中充满了正义的愤恨。

肋 lèi　《说文》小篆作𦚢。《说文·肉部》："肋，

脅骨也。从肉，力声。"许慎说：肋指肋骨。形声字，
肉是形符，力是声符。

"肋"字的本义是"肋骨"。

《释名·释形体》："肋，勒也，所以捡勒五脏也。"说肋是胸
部的两侧。

  背 bèi 《说文》小篆作𦙶。《说文·肉部》："背，
  脊也。从肉，北声。"许慎说：背是脊背。形声字，肉
  是形符，北是声符。

"背"字的本义是"脊背"，如《黄帝内经·素问·脉要精
微论》："背者，胸中之府。"明魏学洢《核舟记》："左手抚鲁
直背。"引申为"违背"，如《史记·项羽本纪》："言沛公不敢
背项王也。"引申为"离开"，如元贾仲名《对玉梳》第一折：
"送的他离乡背井，进退无门。"背，离开；井，古制八家为井，
五家为里，二十五家为邻。意思是离开了故乡，在外地生活（多
指不得已）。

  胁 xié 《说文》小篆作𦢌。《说文·肉部》："胁
  （脅），两膀也。从肉，劦声。"许慎说：脅指两肋，从

腋下到肋骨尽处。形声字，肉是形符，劦是声符。简化
作胁。

"胁"字的本义是"两肋"。引申为"劫持"，如《礼记·礼
运》："是谓胁君。"《国语·晋语》："乃胁栾中行。"注："劫
也。"引申为"威逼"，即用威力促使，如《左传·庄公八年》：
"公欲从之。众从者胁公，不得归。"《汉书·常惠传》："使使胁
求君主。"《淮南子·本经》："淫而相胁。"

筋 jīn　《说文》小篆作𦙶。《说文·筋部》："筋，
肉之力也。从力，从肉，从竹。竹，物之多筋者。"许
慎说：筋是附着在骨头上的韧带。会意字，以力、肉、
竹示意。竹是多筋之物。

"筋"字的本义是"附着在骨头上的韧带"，如《孟子·告
子下》："苦其心志，劳其筋骨。"《荀子·劝学》："筋骨之强。"
《考工记·弓人》："强者在内而摩其筋。"
生活中常说的"筋"，解剖学上指四种完全不同的东西：一
指骨骼肌，是牵引关节的；二指肌腱，是连接骨头和肌肉的一种
索状组织，人的脚后跟"大筋"叫跟腱；三指韧带，是连接骨头
和骨头的组织；四指体表静脉，血压增高时膨胀，腹部、颈部的
比较明显，如《灵枢·水胀》云："鼓胀何如？……色苍黄，腹

筋起，此其候也。"腹筋，指腹部青筋脉络，即今之腹部表浅的静脉血管，成语有"青筋暴露"，青筋因色青而名。《现代汉语词典》："青筋，指皮肤下可以看见的血管。"

　　骨 gǔ　《说文》小篆作骨。《说文·冎部》："骨，肉之核也。从冎，有肉。"许慎说：骨义是肉的内核，即人和脊椎动物支撑身体、保护内脏的坚硬组织。会意字。以冎、肉表示意义。

"骨"字的本义是"骨头"，如《韩非子·安危》："以刀刺骨。"唐杜甫《送孔巢父发游江东兼呈李白》："自是君身有仙骨，世人那得知其故？"

　　骼 gé　《说文》小篆作骼。《说文·冎部》："骼，禽兽之骨曰骼。从骨，各声。"许慎说：禽兽的骨头叫骼。形声字，骨是形符，各是声符。

"骼"字的本义是"禽兽的骨头"，泛称人或动物的骨头，如《礼记·月令》："孟春之月，掩骼埋胔。"郑玄注："骨枯曰骼，肉腐曰胔。"胳即骼字；骨指骨头；胔读 zì，指尸体。

（二）腹腔与相关汉字

腹 fù　金文《墙盘》作 ⿰，《说文》小篆作 ⿰。《说文·肉部》："腹，厚也。从肉，复声。"许慎说：腹义是肚子，引申为厚。形声字，肉是形符，复是声符。

"腹"字的本义是"肚子"，如晁错《论贵粟疏》："腹饥不得食。"《汉书·灌夫传》："腹诽而心谤。"

脐 qí　繁体作臍。《说文》小篆作 ⿰。《说文·肉部》："脐，胅脐也。从肉，齐声。"许慎说：脐义为肚脐。形声字，肉是形符，齐是声符。

"脐"字的本义是"脐带"，如《诸病源候论》卷四十三："胞系连儿脐，胞不出则不得以时断脐。"脐带是胎儿肚子中间连接母体胎盘以吸取营养的管子，习惯上称肚脐。肚脐就是人体腹中部脐带脱落结疤后的陷窝处。

胃 wèi　金文《吉日王舞剑》作 ⿰，《说文》小篆作 ⿰。《说文·肉部》："胃，谷府也。从肉，⊗象形。"

许慎说：胃是盛食物的腑脏，人与其他动物的消化器官之一。会意字，以 ❀、肉象其形。

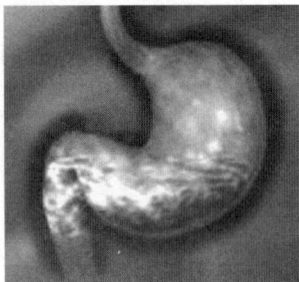

胃摄影图

金文、小篆的上面像一个袋子，正是胃的形状，里面的数点表示食物。哺乳类动物因身体粗短，胃呈袋状弯曲，横卧于腹腔内。

"胃"字的本义是"盛食物的腑脏"，如《韩非子·喻老》："疾在肠胃。"

据医学检查，胃位于人体的心口窝处，形状像个气囊。在自然空腹状态下只有拳头大小，厚度约 1 厘米。胃在空腹状态下仅存留少量的胃液和气体，大约在 200 毫升以内。人吃东西后，胃开始自动扩容，体积慢慢变大，胃壁渐渐变薄。胃的生理容量随年龄增长而增加。出生时为 7 毫升，1 岁末为 250～300 毫升，3 岁为 400～600 毫升，10～12 岁增加至 1 300～1 500 毫升。一般来说，成人胃容量约为 500 毫升，500 毫升的 6 到 7 倍，即 3 000 毫升到 3 500 毫升人体也可以承受，但会撑得很难受。也就是说，胃正常可容纳相当于 1 瓶矿泉水或两碗多米饭的食物，超过 3 500 毫升就很危险了，但情况也因人而异。

肝 gān　《说文》小篆作𦙶。《说文·肉部》："肝，木藏也。从肉，干声。"许慎说：肝在五行中是属木的内脏，人和高等动物的消化器官之一，是体内最大的腺体。形声字，肉是形符，干是声符。

"肝"字的本义是"肝脏"，如《释名·释形体》："肝，榦也。于五行属木，故其体状有枝干。"《史记·淮阴侯列传》："臣愿披腹心，输肝胆，效愚计，恐足下不能用也。"《史记·刘敬孙叔道列传》："与项羽战荥阳，争成皋之口，大战七十，小战四十，使天下之民肝脑涂地，父子暴骨中野，不可胜数。"《汉书·苏武传》："（武）常愿肝脑涂地。今得杀身自效，虽蒙斧钺汤镬，诚甘乐之。"《乐府诗集·华山畿》："腹中如汤灌，肝肠寸寸断。"

肾 shèn　《说文》小篆作𦜶。《说文·肉部》："肾，水藏也。从肉，臤声。"许慎说：肾在五行中是属水的内脏，形声字，肉是形符，臤是声符。

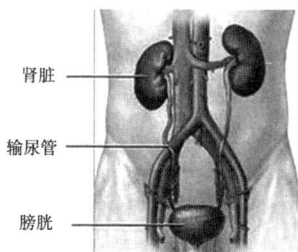

肾脏

肾脏
输尿管
膀胱

古代医学将五行和五脏相配，利用五行说说明其相互关系。肾，俗称"腰子"，是人体的重要器官，肾脏为成对的扁豆状器官，位于腹膜后脊柱两旁浅窝中，红褐色，长 10~12 厘米、宽 5~6 厘米、厚 3~4 厘米、重 120~150 克，它的基本功能是生成尿液，借以清除体内代谢产物及某些废物、毒物，同时经重吸收功能保留水分及其他有用物质及元素，如葡萄糖、蛋白质、氨基酸、钠离子、钾离子、碳酸氢钠等，以调节水、电解质平衡及维护酸碱平衡。肾脏同时还有内分泌功能，生成肾素、促红细胞生成素、活性维生素 D3、前列腺素、激肽等，又为机体部分内分泌激素的降解场所和肾外激素的靶器官。肾脏的这些功能，保证了机体内环境的稳定，使新陈代谢得以正常进行。

　　脾 pí　《说文》小篆作髀。《说文·肉部》："脾，土藏也。从肉，卑声。"许慎说：脾在五行中是属土的内脏。形声字，肉是形符，卑是声符。

　　"脾"字的本义是"脾脏"。脾脏膨胀，就发脾气。脾位于腹腔的左上方、胃的左下侧，呈扁椭圆形、暗红色，是重要的淋巴器官，具有造血、滤血、清除衰老血细胞及参与免疫反应等功能。因其含血量丰富，能够紧急向其他器官补充血液，所以有"人体血库"之称。又因质软而脆，当局部受暴力打击时，易破裂出血。

　　文献中用法通"髀"，即大腿，如《公羊传·桓公四年》："达于右脾。"《庄子·在宥》："鸿蒙方将拊脾雀跃而游。"又通

"脾"，即牛胃，如《诗经·大雅·行苇》："嘉肴脾臄，或歌或
咢。"意思是牛胃牛舌也煮食，唱歌击鼓人欢笑。牛胃，俗称牛
百叶。臄，牛舌。咢，只打鼓不伴唱。《周礼·天官·醢人》：
"嬴醢脾析。"

肠 cháng　繁体作腸。
《说文》籀文作帳，《说文》
小篆作腸。《说文·肉部》：
"肠（腸），大小肠也。从肉，
昜声。"许慎说：肠包括大
肠、小肠和直肠。形声字，肉
是形符，昜是声符。

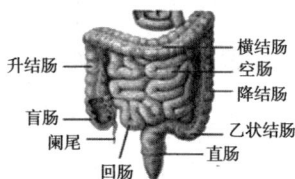

大肠

肠指的是从胃幽门至肛门的消化管，是消化管中最长的一
段，也是功能过程中最重要的一段。哺乳动物的肠包括小肠、大
肠和直肠三大段。消化和吸收都是在小肠内进行，大肠主要浓缩
食物残渣，形成粪便，再通过直肠经肛门排出体外。

"肠"字的本义是"大肠、小肠和直肠"，如《尚书·盘庚
下》："今予其敷，心腹肾肠。"汉曹操《蒿里行》："生民百遗
一，念之断人肠。"唐白居易《登西楼忆行简》："风波不见三年
面，书信难传万里肠。"

十、腿胫与脚

下肢是指人体腹部以下的部分，包括臀、股、膝、胫和足。

臀，是腰与腿的结合部。其骨架是由两个髋骨和骶骨组成的骨盆，外面附着有肥厚宽大的臀大肌、臀中肌和臀小肌以及相对体积较小的梨状肌。臀的形态为向后倾，其上缘为髂嵴，下界为臀沟。人体正立时，整个臀部呈方形，两侧臀窝显著。男女两性的臀部形态是有区别的，女性臀部形态丰厚圆滑，两髂后上嵴交角为 90°；男性臀部较小，呈正方形，棱角突出，臀窝更明显，两髂后上嵴交角为 60°。

股，是古代的叫法，现在称"大腿"，是人下肢从臀部到膝盖的一段。

膝，位于大腿与小腿中间。

胫，指小腿，是从膝关节到踝关节的一段。

足，是古代的叫法，现在称"脚"，是人和某些动物身体最下部接触地面的部分，是人体重要的负重器官和运动器官。脚趾是人或一些动物脚上的指头，在运动当中灵活性很大，主要调节跖趾和脚部其他部位的相互关系，起平衡作用，以适应脚部的变化；对部分运动项目还具有稳定的作用。脚趾甲是皮肤的附件，用来保护人的脚趾的背部。脚趾甲不断生长，一些物质能反映人体健康程度，如果长得过慢，也预示着一些疾病。

对腿胫与脚趾及相关汉字，下面从大腿、小腿、脚趾和行走四个层次，解说形体，分析本义，梳理用法，逐个进行研究。

（一）大腿与相关汉字

髀 bì　《说文》小篆作髀。《说文·骨部》："髀，股也。从骨，卑声。"许慎说：髀义是股部，大腿。形声字，骨是形符，卑是声符。

"髀"字的本义是"大腿"，如秦李斯《谏逐客书》："夫击瓮扣缶，弹筝搏髀，而歌呜呜快耳者，真秦之声也。"意思是那些敲着瓦盆瓦罐，弹着秦筝，摆着大腿上绑着的板子，"呜呜"歌唱让人听了愉悦的，是真正秦国的音乐。清李毓秀《弟子规》①："勿箕踞，勿摇髀。"髀也是大腿。

髁 kē　《说文》小篆作髁。《说文·骨部》："髁，

髀骨也。从骨，果声。"许慎说：髁义是股骨，即大腿骨。形声字，骨是形符，果是声符。

"髁"字的本义是"大腿骨"，也指"髁骨下隆起的肉"，如《黄帝内经·素问·刺腰痛》："刺腰尻交者，两髁胂上，以月生死为痏数，发针立已。左取右，右取左。"王冰注："两髁胂，谓两髁骨下坚起肉也……侠脊两傍，腰髁之下，各有胂肉隆起而斜趣于髁骨之后，内承其髁，故曰两髁胂也。"

髋 kuān   《说文》小篆作髖。《说文·骨部》："髋，髀上也。从骨，宽声。"许慎说：髋就是臀部。形声字，骨是形符，宽是声符。

"髋"字的本义是"臀部"，"髋骨"就是臀部的大骨，又称胯骨。如《汉书·贾谊传》："至于髋髀之所。""髋髀"连称，指胯骨与股骨（大腿骨）。

胯 kuà   《说文》小篆作胯。《说文·肉部》："胯，股也。从肉，夸声。"许慎说：胯义是两大腿之间。形声字，肉是形符，夸是声符。

"胯"字的本义是"两大腿之间"，如《史记·淮阴侯传》："出我胯下。"

股 gǔ 《说文》小篆作𦢌。《说文·肉部》："股，髀也。从肉，殳声。"许慎说：股义是大腿。形声字，肉是形符，殳是声符。

"股"字的本义是"大腿"，如《战国策·秦策》："读书欲睡，引锥刺其股。"《论语·宪问》："膝上曰股，膝下曰胫。"

（二）小腿与相关汉字

髌 bìn 繁体作髕，《说文》小篆作𩪹。《说文·骨部》："髌，膝端也。从骨，宾声。"许慎说：髌就是膝盖骨。形声字，骨是形符，宾是声符。

"髌"字的本义是"膝盖骨"，略呈三角形，尖端朝下。也指"古代一种削去膝盖骨的酷刑"，如《尚书·刑德》："放膑者，脱去人之膑也。"《周礼·司刑》注："周改膑作刖。"汉司马迁《报任少卿书》："孙子膑脚，兵法修列。"意思是孙膑被庞涓剔掉了膝盖骨之后，撰写了《孙子兵法》。《汉书·刑罚志》："髌罚之属五百。"

文献里"骸"与"膑"通用，可见是一字二体。

骸 hái　《说文》小篆作𩨛。《说文·骨部》："骸，胫骨也。从骨，亥声。"许慎说：骸义是胫骨，即小腿骨。形声字，骨是形符，亥是声符。段玉裁注："《骨空论》曰：'膝解为骸关，侠膝之骨为连骸。'然则正谓胫骨为骸矣。"支持许慎的释义。

"骸"字的本义是"小腿骨"。引申指"人体骨头"，如《公羊传·宣公十五年》："易子而食之，析骸而炊之。"意思是两家互相交换子女吃掉，劈开骨头吸干其骨髓。《列子·黄帝》："有七尺之骸，手足之异，戴发含齿，倚有趣者，谓之人。"《史记·淮阴侯列传》："父子暴骸骨于中野，不可胜数。"

"乞骸骨"则是指"古代官吏因年老请求退职还乡"，如南朝范晔《后汉书·张衡传》："上书乞骸骨。"

胫 jìng　《说文》小篆作𦡊。《说文·肉部》："胫，胻也。从肉，巠声。"许慎说：胫义是小腿，从膝盖到脚跟一段。形声字，肉是形符，巠是声符。胻，读héng，从膝盖到脚跟一段，如《黄帝内经·素问·刺热》："肾热病者，先腰痛胻酸。"

"胫"字的本义是"小腿，膝盖到脚跟一段"，如《论语·宪问》："以杖叩其胫。"皇疏："膝上曰股，膝下曰胫。"《山海经·海内经》："有赤胫之民。"《汉书·赵允国传》："闻苦脚胫寒泄。"

腓 féi　《说文》小篆作腓。《说文·肉部》："腓，胫腨也。从肉，非声。"许慎说：腓义是胫骨后面的肌肉，俗称腿肚。形声字，肉是形符，非是声符。"非"，像鸟的两个翅膀相背的形状，"腓"字是用"鸟的两个翅膀相背"加"肉（月）"隐喻人的身体，来表示两个腿肚肉，腿肚肉是保护胫骨的。"非"字既表声又表意，"腓"是个会意兼形声字。

"腓"字的本义是"腿肚"，如《庄子·天下》："将使后世之墨者，必自苦以腓无胈、胫无毛相进而已矣。"《韩非子·扬权》："腓大于股，难以趣走。"

"腓"指"疾病"，如南朝鲍照《代苦热行》："毒泾尚多死，渡泸宁具腓。"

"腓"指"弊端"，如元许有壬《哀弃儿》："十年执政虽咸腓，发廪有议常坚持。"

"腓"指"古代剔除膝盖骨或断足的酷刑"，如汉班固《白虎通·五刑》："腓者，脱其膑也。"

"腓"又指"草木病害；枯萎"，如《诗经·小雅·四月》：
"秋日凄凄，百卉具腓。"腓是"痱"的假借字，指草木枯萎或
病。意思是秋日凄寒，百花凋零。唐高适《燕歌行》："大漠穷秋
塞草腓，孤城落日斗兵稀。"

　　腨 shuàn　《说文》小篆作▨。《说文·肉部》：
"腨，腓肠也。从肉，耑声。"许慎说：腨是胫骨后面的
肉，俗称小腿肚。形声字，肉是形符，耑是声符。

"腨"字的本义是"小腿肚"，如《黄帝内经·素问·脏气
法时论》："肺病者，喘咳逆气，肩背痛，汗出，尻阴股膝髀腨胻
足皆痛。"《灵枢·寒热篇》："腓者，腨也。"

（三）脚趾与相关汉字

　　足 zú　甲骨文《前》4.40作▨；金文《免簋》作
▨，《师臣鼎》作▨；《说文》小篆作▨。《说文·足
部》："足，人之足也，在下。从止、口。徐锴曰：'口
象股胫之形。'"许慎说：足指人的脚，在人体下面。会
意字，以止、口示意。徐锴说：口像大腿和小腿的
形状。

　　许慎引徐锴说，不妥。足就是人的脚，是个象形字，止像脚趾，口像小腿与脚掌交接处的踝骨的形状。"疋"字与"足"字同源，疋是初文，足是变体（见"疋"字解说）。甲骨文中，"足"字与"正"字形体相同，但表示的意义不同，要根据上下文意细心区分（见"正"字解说）。

　　"足"的本义是"人的脚"，如《韩非子·外储说左上》："郑人有欲买履者，先自度其足，而置之其坐。至之市，而忘操之。已得履，谓曰：'吾忘持度！'返归取之。及返，市罢，遂不得履。人曰：'何不试之以足？'曰：'宁信度，无自信也。'"由"人的脚"引申为"物的脚"，如《易·鼎》："鼎折足，覆公餗。"《荀子·劝学》："假舆马者，非利足也，而致千里。"

　　假借为"富足"，如《谷梁传·庄公二十有八年》："国无九年之畜曰不足。"汉贾谊《论积贮疏》："民不足而可治者，自古及今，未之尝闻。"假借为"足够"，如晋陶渊明《桃花源记》："不足为外人道也。"宋王安石《游褒禅山记》："方是时，余之力尚足以入，火尚足以明也。"

　　疋 shū yǎ pǐ　　甲骨文《乙》1187 作，一期《佚》392 作，一期《甲》2878 作，一期《合》65 作；《说文》小篆作。《说文·疋部》："疋，足也。上象腓肠，下从止。《弟子职》曰：'问疋何止。'古文以为

《诗·大疋》字。亦以为足字。或曰胥字。一曰：疋，
记也。"许慎说：疋是人的脚。上部像小腿肚，下部采
用"止"的字形。《弟子职》上记述说："问足放在何
处。"古文中把"疋"用作《诗经·大雅》的"雅"
字。也把"疋"用作"足"字。另一种说法认为，
"疋"是"胥吏"的"胥"字。还有一种说法认为，
"疋"是"记"的意思。

许慎将"疋"、"足"分为两个字来解释，认为是"人的脚"，
不准确。甲骨文前三字，像小腿上连膝盖、下连脚的形状，篆文与
"足"字相同，"疋"、"足"二字同源，疋是初文，足是变体。

"疋"字的本义是"小腿及以下部分"。

"疋"字的意义比"足"宽泛，有三个读音：一读 shū，本
义已经消失，被"足"字代替了。二读 yǎ，同雅，《诗经》中的
《大雅》、《小雅》，有时写作《大疋》、《小疋》，《尔雅》也可写
作《尔疋》。三读 pǐ，是"匹"的异体字。"三匹布"，以前均写
作"三疋布"，后来在废除异体字时，"疋"被废除了，现在均写
作"匹"。

脚 jiǎo 《说文》小篆𦜙。《说文·肉部》："脚，
胫也。从肉，却声。"许慎说：脚义是小腿及以下部分。
形声字，肉是形符，却是声符。

"脚"字的本义是"小腿及以下部分",如《荀子·正论》:"捶笞膑脚。"唐李白《梦游天姥吟留别》:"脚著谢公屐。"《乐府诗集·木兰诗》:"雄兔脚扑朔。"

引申为"位置低,紧贴地面的",如唐白居易《钱塘湖春行》:"水面初平云脚低。"

止 zhǐ 甲骨文一期《林》2.9.7 作

Ψ,三期《甲》2744 作

,《乙》1206 作

;金文《召伯簋二》作

;《说文》小篆作

。《说文·止部》:"止,下基也。象草木出有址,故以止为足。"许慎说:止是物体下部的基址。象形字,像草木长出来有根干基址之形。所以用止表示人的脚。

甲骨文、金文正像简化的人的脚趾形,用三根脚趾头代表脚。

"止"字的本义是人的"脚",如《广韵·止韵》:"止,足也。"《汉书·刑法志》:"当劓者,笞三百,当斩左止者,笞五百。"斩左止,就是将一个人的左脚砍掉。后来"止"旁加上一个"足",就成了一个形声字"趾"。引申为"停止",如《韩非子·难势》:"令则行,禁者止。"《三国志·诸葛亮传》:"羽飞乃止。"《韩诗外传》:"树欲静而风不止,子欲养而亲不待也。"

"栖息"有"停止"义，如《诗经·秦风·黄鸟》："交交黄鸟，止于桑。"交交，鸟叫的声音。"留下"有"停止"义，如《论语·微子》："止子路宿。""居住"有"停止"义，如《诗经·商颂·玄鸟》："邦畿千里，维民所止。"《徐霞客游记·游黄山记》："止文殊院。"

由"停止"引申为"阻止"，如《列子·汤问》："笑而止之。"《吕氏春秋·下贤》："亦可以止矣。"《史记·魏公子列传》："使人止晋鄙。"

"停止"是暂时的现象，所以可引申为副词"只"或"仅仅"，如唐柳宗元《三戒》："技止此耳。"宋沈括《梦溪笔谈·活板》："止印二三本。"

"止"借为"语气词"，用于句末表肯定语气，相当于"啊"，如《诗经·小雅·车辖》："高山仰止，景行行止。"意思是：像高山一般令人瞻仰啊，像大道一般让人遵循啊。

甲骨文中的"止"有四种用法：一为人的脚趾。二为方国名。三为人名。四为祭名。

踵 zhǒng　《说文》小篆作𨆏。《说文·足部》："踵，追也。从足，重声。一曰：往来貌。"许慎说：踵义是追逐。形声字，足是形符，重是声符。另一说是往来行走的样子。

许慎的说法不当，"踵"字的本义是"脚后跟"，名词，如《释名》："踵，足后曰跟，又谓之踵。踵，钟也。钟，聚也，体之所钟聚也。"这是说：足的踵部是承受全身重量的部位。"举踵"是抬起脚后跟；"接踵"是后面的人的脚尖触到前面人的脚后跟，形容人多，接连不断。

"踵"活用为动词，有"前一步走，后一步跟"的意义，如《左传·昭公二十四年》："吴踵楚，而疆场无备，邑能无亡乎?"《庄子·德充符》："踵见仲尼。"《史记·太史公自序》："有司靡踵。"索隐曰："继也。"《汉书·武帝纪》："步兵踵军后数十万人。"

《说文·止部》还有一个从止从重的字，许慎解释说："跟也。从止，重声。"认为是脚后跟。形声字，重是声符。古文字止、足可互用，其义不变。文献一般写作"踵"。

跟 gēn　《说文》小篆作跟。《说文·足部》："跟，足踵也。从足，艮声。跟，跟或从止。"许慎说：跟是人的脚后跟。形声字，足是形符，艮是声符。

"跟"字的本义是"人的脚后跟"，如《释名·释形体》："足后曰跟，在下方着地，一体任之，象木根也。"宋苏轼《凤翔八观》："诘曲犹能辨跟肘。"跟肘，指脚跟和手肘。

　　"跟"用为动词"穿着",如北朝颜之推《颜氏家训·勉学》:"梁朝全盛之时,贵游子弟多无学术……无不熏衣剃面,傅粉施朱,驾长檐车,跟高齿屐,坐棋子方褥,凭斑丝隐囊,列器玩于左右,从容出入,望若神仙。"跟高齿屐,就是穿着高齿木屐。

　　"跟丁",旧指官吏身边供差遣的随从。"跟人",指女子嫁人。

　　踝 huái　　《说文》小篆作𨂂。《说文·足部》:"踝,足踝也。从足,果声。"许慎说:踝指踝骨,脚腕两旁凸起的部分就是踝骨。形声字,足是形符,果是声符。

　　"踝"字的本义是"踝骨"。也指"脚跟",如《礼记·深衣》:"负绳及踝以应直。"注:"跟也。"

(四) 行走与相关汉字

　　行 xíng háng　　甲骨文一期《后下》2.12 作𣒲,二期《粹》511 作𣒲,三期《甲》574 作𣒲;金文《虢季子白盘》作𣒲,《陈公子甗》作𣒲;《说文》小篆作𣒲。

《说文·行部》："行，人之步趋也。从彳，从亍。"许慎
说：行义是行走。会意字，以彳、亍示意，彳、亍都有
行走的意思。

许慎说"行走"是引申义。"行"字有两个读音：一读 xíng，
一读 háng。罗振玉先生说："象四达之衢，人所行也。石鼓文或
增人作㣚，其义甚明。许书作，形义全不可见，古从行之字或省
其右或左。"① 罗振玉的说法是对的。

"行"的本义是"四通八达的道路"，读 háng，如《诗经·
豳风·七月》："女执懿筐，遵彼微行。"意思是姑娘们拿着深筐，
走在那小路上。《诗经·小雅·小弁》："行有死人，尚或墐（殣
jìn）之。"意思是路上有死人，尚且有人埋葬他。《诗经·小雅·
大东》："佻佻公子，行彼周行。"意思是轻薄公子，走在那大路
上。由"四通八达的道路"引申为"行走"，读 xíng，如《诗
经·邶风·击鼓》："土国城漕，我独南行。"意思是为国家兴土
功，为漕地建城墙，我独向南走。《礼记·中庸》："君子之道，
辟如行远必自迩，辟如登高必自卑。"由"行走"义引申为"离
开"，如《左传·襄公二十二年》："子明杀之，以其妻行。"意
思是子明把他杀了之后，就带着自己的妻子离开了。

用为"战阵"，读 háng，如《诗经·大雅·常武》："左右陈

---

① 罗振玉：《增订殷墟书契考释》，台北：艺文印书馆 1981 年版，第 116 页。

行，戒我师旅。"意为左右排列好战阵，警诫我们的队伍。《左传·隐公十一年》："郑伯使卒出貔，行出犬鸡。"《史记·陈涉世家》："蹑足行伍之间。"

"行李"代使者，读 xíng，如《左传·僖公三十年》："行李之往来，共其乏困。"

甲骨文中的"行"字用法有三：一为行走。二为贞人名。三为方国名。

走 zǒu　金文《盂鼎》作 ，《令鼎》作 ，《休盘》作 ；《说文》小篆作 。《说文·走部》云："走，趋也。

汉代画像石图

从夭、止，夭止者，屈也。徐锴曰：'走则足屈，故从夭。'"许慎说：走义是跑。会意字，以夭、止示意，夭是屈，止是足，跑时足屈。徐锴说：跑时足自会屈起，所以从夭，夭就是屈。

金文"夭"字像人摆动双臂奔跑，下加止，止是脚，更显跑的意义。小篆讹变得不大像了。

"走"字的本义是"跑"，如《诗经·大雅·緜》："来朝走马。"《山海经·海外北经》:"夸父与日逐走。"《韩非子·五蠹》:"兔走触株,折颈而死。"《韩非子·喻老》:"扁鹊望桓侯而还走。"

由"跑"引申为"逃跑",如《孟子·梁惠王上》:"兵刃既接,弃甲曳兵而走。"《史记·田单列传》:"已而燕军攻安平,城坏,齐人走,争涂。"唐杜甫《石壕吏》:"老翁逾墙走,老妇出门看。"又引申为"往",如《史记·李将军列传》:"青捕虏知单于所居,乃自以精兵走之。"汉晁错《论贵粟疏》:"趋利如水走下,四方亡择也。"

兽类善走,"走"又"泛指兽类",如汉张衡《西京赋》:"上无逸飞,下无遗走。"

而"行尸走肉"的"行尸",指可以走动的尸体;"走肉"指会走动而没有灵魂的躯壳。比喻不动脑筋,不起作用,糊里糊涂过日子的人。

奔 bēn 金文《孟鼎》作 🔣,《说文》小篆作 🔣。《说文·夭部》:"奔,走也。从夭,贲省声。与走同意,俱从夭。"许慎说:奔是快跑。形声字,夭是形符,贲省为声符。与"走"从"夭"取义相同,"奔"与"走"都以"夭"作形符。

金文"奔"字是从"夭",从三个"止",三个"止"后来讹变为"卉",是变错了。

"夭"字的本义是"快跑"。金文"夭"字像人奔跑时两手摆动的样子,很形象。

"奔"字文献中常用为"逃跑",如《左传·庄公十一年》:"大奔曰败。"《吕氏春秋·简选》:"桀既奔走,(汤)於是行大慈以恤黔首,以桀之事。"《史记·齐太公世家》:"武公九年,周厉王出奔,居彘。"又用为"快跑",如《尔雅·释宫》:"中庭谓之走,大路谓之奔。"宋文天祥《〈指南录〉后序》:"得间奔真州。"

前 qián　甲骨文一期《粹》382 作舟,一期《乙》7661 作舟;金文《追簋》作舟,《善鼎》作舟;《说文》小篆作肯。《说文·止部》:"前(肯),不行而进谓之前。从止在舟上。"许慎说:前指船行,人们坐在船上不用行走就能行进。会意字,以止在舟上示意,止表示人在船上。

甲骨文字形中的止,是"止"字,金文字形也是这个写法,写作左止右止无区别,都是指人的脚;舟,即"舟"字,后来误写成"月";有的字形"止"下像盘子的形状,李孝定先生据此认为："止在盘中乃洗足之义，前进字乃借其义。"① 徐中舒先生同意李的意见。② 李、徐两位先生的看法可备一说。

"前"的本义，较早的文献用为"向前行进"，如《仪礼·特牲礼》："尸谡祝前。"《韩非子·外储说右上》："然而驱之不前，却之不止。"《史记·廉颇蔺相如列传》："相如视秦王无意偿赵城，乃前曰。"

由"向前行进"可引申为前后的"前"，如《诗经·邶风·简兮》："在前上处。"《周书·克殷》："百夫荷素质之旗于王前。"《礼记·檀弓》："我未之前闻也。"《史记·周本纪》："一举不得，前功尽弃。"《史记·秦始皇纪赞》："前事之不忘，后事之师也。"《汉书·贾谊传》："前车覆，后车诫。"前车翻倒，后车警惕。就是说：过去的教训，是今天的鉴戒。

据以上文献用例，结合甲骨文和金文字形，证明许慎的解说是对的。"止在盘中乃洗足之义"没有"向前行进"的意思。许慎说"舟"是准确的，因为水上的交通工具，先民最先使用"独木舟"，后来才有"合木船"，记录实物的符号，应先有"舟"字，"船"字是后来才出现的字。

---

① 李孝定：《甲骨文文字集释》（第二卷），台北：中央研究院历史语言研究所1970年版。见徐中舒主编：《甲骨文字典》，成都：四川辞书出版社1989年版，第126页。
② 徐中舒主编：《甲骨文字典》，成都：四川辞书出版社1989年版，第126页。

甲骨文中"前"字用为人名或方国名。

癶 bō　　《说文》小篆作𣎵。《说文·癶部》:"癶,足剌癶也。从止、屮。"许慎说:癶就是剌癶;也作剌发,形容两足分张,足跟相对而行,行动不自然的样子。会意字,以止、屮表示两足相背。

癶,登字头,甲骨文《掇》① 1.38 "登"字作𤼷,上面的癶,像相背的两只脚。"癶"字的本义是"两足相背"。从癶的字主要是"登"和"癸"以及由"登"、"癸"为偏旁的字,常见的有"凳"、"澄"、"橙"、"澄"、"蹬"、"癸"、"葵"等字。从"登"的字,韵母都是 eng;从"癸"的字,韵母都是 ui。

夕,祭字头,甲骨文《甲》3319 "祭"字作𥙊,上面的夕,左边像一块滴血的肉块,表示祭祀要使用鲜肉,右边一只手,本义"以手持肉"。从夕的字主要是"祭"以及由"祭"为偏旁组成的字,常见的有"蔡"、"察"、"擦"等字。

"癶"与"夕"形体近似,容易混淆,但其意义完全不同,应注意区分。

---

① 《掇》,即《殷契拾掇》或《殷契拾掇第二编》,郭若愚,1951 年。

登 dēng　甲骨文《前》5.2作𦥯，《掇》1.38作𧯛；
金文《登鼎》作𦥯，《邓孟壶》作𧯛，《陈侯午镦》作
𧯛，《班簋》作𧯛；《说文》籀文作𧯛；《说文》小篆作
𧯛。《说文·癶部》："登，上车也。从癶、豆，象登车
形。"许慎说：登义是上车。会意字，以癶在豆上示意；
豆像登石，整个字形表示上车。

许慎认为"登"指"登车"。这并不是登的本义。"登"字
甲骨文上面是两只脚，下面是两只手，从上面往下看，就是一个
人；中间是一个"豆"，豆是木制礼器，中加一横，表示盛满食
物；双手捧着装满食物的礼器走上祭台，表示进献给神灵或祖宗
的意义。

"登"字的本义是"双手捧盛器走上祭台进献"，如《诗
经·大雅·生民》："卬盛于豆，于豆于登。其香始升，上帝居
歆。"意思是我把食物装木豆，装了木豆装瓦登。食物香气开始
升，天上的帝王降临来受享。

由"登上祭台"引申为由下而上的"登上"，如《诗经·大
雅·皇矣》："帝谓文王：无然畔援，无然歆羡，诞先登于岸。"
意思是天上的帝王对文王说："不要独断蛮横，不要羡慕富有，
渡河后先登上高岸罢。"《礼记·玉藻》："登席不由前。"《左
传·庄公十年》："登轼而望之。"

由"登上"引申为"登记"，如《周礼·秋官·司民》："司民掌登万民之数。"司民官是主管登记百姓人数的。又引申为"成熟"或"丰收"，如《礼记·曲礼》："年谷不登。"《礼记·月令》："蚕事既登。"《孟子·滕文公》："五谷不登，禽兽逼人。"

金文用为蒸尝的"蒸"，与甲骨文字形、字义有渊源关系。

甲骨文中"登"字比较明确的用法是用为人名。

步 bù　甲骨文《甲》388 作，一期《合集》6461作；金文《子且午尊》作；《说文》小篆作步。《说文·步部》："步，行也。从止、屮向背。"许慎说：步是行走，步行。会意字，以止、屮向背示意，像走路时双足一前一后。

甲骨文与金文相同。有的甲骨文字形从行，作，像人行走在大路上。

"步"字的本义是"人步行"，如《尚书·召诰》："王朝步自周。"《左传·僖公三十三年》："寡君闻吾子将步师出于敝邑，敢犒从者。"《战国策·齐策》："晚食以当肉，安步以当车。"意思是晚点吃饭等饿了再吃就会觉得美味，慢步走不累而且平稳就像车子一样。

引申为"马慢行",如《楚辞·屈原·涉江》:"步余马兮山皋。"意思是让我的马慢慢地走上山冈。"步马"则是"牵马调习、训练",如《左传·襄公二十六年》:"左师见夫人之步马者,问之。"杜预注:"步马,习马。"《礼记·曲礼》:"步路马必中道。"

"跬步",亦作"蹞步",即半步,如《礼记·祭义》:"跬步而不敢忘,孝也。"《大戴礼记·劝学》:"是故不积跬步,无以至千里;不积小流,无以成江海。""一步",即行走时两脚之间的距离,如《荀子·劝学》:"骐骥一跃,不能十步。"唐杜牧《阿房宫赋》:"五步一楼,十步一阁。"又如"寸步难行"。"细步"是"小步、碎步",如《玉台新咏·古诗为焦仲卿妻作》:"纤纤作细步。""公府步"是"方步",如《乐府诗集·陌上桑》:"盈盈公府步,冉冉府中趋。"意思是迈着轻盈的方步,优雅地在府中行走。

"步"用为动词"行走",如:"步兵、步行、徒步、故步自封、望而却步"等。"踏着别人的足迹走",如"步其后尘"。"事情进行的程序、阶段、程度",如"步骤、初步"。

甲骨文中"步"字有三种用法:一为步行。二为祭祀之名。三为方国名。

跖 zhí 繁体作蹠。《说文》小篆作𧾷。《说文·足部》:"跖,足下也。从足,石声。"许慎说:跖是脚掌,脚底板儿。形声字，足是形符，果是声符。

"跖"字的本义是"脚掌"，如《淮南子·脩务》："跖达膝。"

"盗跖"是人名，一作"蹠"，原名展雄，又名柳下跖、柳展雄，相传是当时贤臣柳下惠的弟弟，为鲁孝公的儿子公子展的后裔，因此以展为姓。他是战国、春秋之际奴隶起义领袖，在先秦古籍中被诬为"盗跖"和"桀跖"。约公元前475年，春秋末期的鲁国西北部柳下屯（今濮阳柳屯）人展雄，领导了9 000人的奴隶大起义，史称柳下跖（柳下，地名；跖，赤脚奴隶）起义。起义军转战黄河流域，各诸侯国望风披靡。

> 跛 bǒ 《说文》小篆作𨂇。《说文·足部》："跛，行不正也。从足，皮声。一曰：足排之。"许慎说：跛是行不正，瘸腿，偏用一足。形声字，足是形符，皮是声符。另一说是用单足使物体移动。

"跛"字的本义是"瘸腿"，如《易·眇履》："眇能视，跛能履。"《礼记·典礼上》："立毋跛。"《淮南子·说林训》："跬步不休，跛鳖千里。"意思是半步不停，跛脚的鳖也能行走千里。比喻只要努力不懈怠，即使条件很差，也能取得成就。《西邻五子》："西邻之人有五子焉。一子朴，一子敏，一子矇，一子偻，一子跛。乃使朴者农，敏者贾，矇者卜，偻者绩，跛者纺，五子者皆不患于衣食焉。”意思是西边邻居家有五个儿子。一个儿子老实，一个儿子聪明，一个儿子瞎，一个儿子驼背，一个儿子瘸。就让老实的务农，聪明的经商，瞎子卜卦算命，驼背搓麻绳，瘸子纺线，五个儿子都不为衣食发愁。

蹇 jiǎn　《说文》小篆作。《说文·足部》：“蹇，跛也。从足，寒省声。臣铉等案：‘《易》王臣蹇蹇；今俗作謇，非。’”许慎说：蹇就是跛脚，瘸腿。形声字，足是形符，寒省为声符。徐铉等按：《易·蹇卦》上有“王臣蹇蹇”的话，说王臣涉险以济时艰，蹇义是难；今俗以为謇，错了。

“蹇”字的本义是“瘸腿”，如《楚辞·谬谏》：“驾蹇驴而无策兮。”《史记·晋世家》：“郤克偻，而鲁使蹇。”明马中锡《中山狼传》：“策蹇驴，囊图书。”

“蹇纵”是傲慢放纵。“蹇辞”是忠正耿直之言。“蹇蹇”是忠正耿直的样子。“蹇蹶”是步履缓慢的样子。“蹇缓”是步履缓慢。

辵 chuò　甲骨文一期《合》139 作，《说文》小篆

作🔲。《说文·辵部》："辵，乍行乍止也。从彳，从止。读若《春秋公羊传》曰：辵阶而走。"许慎说：辵义是步行踌躇，走走停停。会意字，以彳、止示意，彳为小步走，止为停止。读若《春秋公羊传·宣公六年》"辵阶而走"的"辵"。

许慎依据小篆字形，分析"辵"的意义为"乍行乍止"，是不对的。"辵阶而走"的意思是从台阶上越级跑下，与辵并不同义。许慎的说法不妥。"辵"字外框是🔲（行），表示四通八达的道路；中间的🔲（止），表示人的脚趾。合起来就是人走路。

"辵"字的本义是"人走路"。

"辵"成为"走字底"，不再单独流通。在隶书和楷书中，"辵"被简化成"辶"，用为部首字，"辶"是表示行进的意义，没有前走、后倒或下台阶的意思。

甲骨文中的"辵"字一是用为连绵的意义；二是用为人名。

迹 jì 繁体作跡。《说文》小篆作🔲。《说文·辵部》："迹，步处也。从辵，亦声。🔲，或从足、责。🔲，籀文迹从朿。"许慎说：迹是脚印。形声字，辵是形符，亦是声符。或从足、责，足是形符，责是声符。籀文迹从朿，朿是声符。

　　"迹"字的本义是"脚印"，如《韩非子·外储说左上》："赵主父令工施钩梯而缘播吾，刻疏人迹其上。"引申为"留下的印子"，如《聊斋志异·促织》："蟆入草间，蹑迹披求。"又如"痕迹、血迹、笔迹、墨迹"等。引申为"前人留下的事物"，如《韩非子·难一》："故平公之迹不可明也。"又如"古迹"。

　　用为动词，意为"追寻踪迹"或"据实迹考知"，如《史记·季布栾布列传》："汉求将军急，迹且至臣家。"迹，据实迹考知。《汉书·高惠高后文功臣表》："迹汉功臣，亦皆割符世爵，受山河之誓，存以著其号，亡以显其魂，赏亦不细矣。"迹，据实迹考知；割符，犹剖符，分封授官的意思。

　　追 zhuī　甲骨文四期《京》4391 作𠂤；金文《追簋》作𠂤，《井侯簋》作𠂤；《说文》小篆作𧺆。《说文·辵部》："追，逐也。从辵，𠂤声。"许慎说：追是追赶。形声字，辵是形符，𠂤是声符。

　　甲骨文下面的𣥂（止）是人的脚趾，表示人，金文从辵，为小篆所采用。

　　"追"字的本义是"追赶人"，如《左传·庄公十八年》："公追戎于济西。"《左传·僖公三十三年》："公使阳处父追之。"汉贾谊《过秦论》："追亡逐北，伏尸百万，流血漂橹。""亡"

是逃亡,"北"指败北,都是指战败的逃兵。

由"追赶"引申为"追念",如《左传·成公十三年》:"以追念前勋。"由"追念"引申为"补救",如《尚书·五子之歌》:"弗慎厥德,虽悔可追?"晋陶渊明《归去来兮辞》:"悟已往者不谏,知来者之可追。"意思是我明白了已经过去的事是不能再纠正的了,可是我也懂得未来的事还是可以补救的。而《论衡·问孔》:"苟有不晓之问,追难孔子,何伤于义?""追"是"追问"的意思。

甲骨文中"追"用为追赶,或用为方国名。

逐 zhú　甲骨文一期《前》3.32.3 作 𧗴,一期《前》6.46.3 作 𧗴,三期《佚》904 作 𧗴;金文《逐簋》作 𧗴,《逐鼎》作 𧗴;《说文》小篆作 𧗴。《说文·辵部》:"逐,追也。从辵。从豚省。徐锴曰:'豚走而豕追之。'"许慎说:逐是追赶。会意字,以辵、豚省声示意,表示追赶小猪。徐锴说:小猪跑了,大猪在后面追。

许慎引用徐锴的说法,此说法不对。"逐"的意思不是大猪追小猪,当是人逐"兽"。甲骨文字形上面,有的是一头"豕",有的是一只"鹿",有的是一只"兔",不单指一种,并且都是把表示人的"止"放在"兽"的下面，下面就是后面；金文增加 ㄔ（彳）表示行走。逐的对象是兽，凡是追逐家畜野兽都称"逐"。

"追"字的本义是"追赶"，追的对象是人；"逐"也是"追赶"，但逐的对象是兽。二者本来区别明显，后来就不分了。

甲骨文用为"追逐野兽"，正用本义。又如《易·暌》："丧马勿逐。"《易·大畜》："良马逐。"《楚辞·河伯》："乘白龟兮逐文鱼。"

由"逐兽"引申为"逐人"，如《左传·左公十年》："遂逐齐师。"《庄子·则阳》："时相与争地而战，伏尸百万，逐北旬有五日

狩猎图

而后反。"由"逐人"引申为"驱逐"，如《公羊传·僖公二十八年》："文公逐卫侯而立叔武。"秦李斯《谏逐客书》："非秦者去，为客者逐。"唐冯著《燕衔泥》："去年为尔逐黄雀，雨多屋漏泥土落。"有"驱逐"就有"反驱逐"，由此引申为"竞争"，如《韩非子·五蠹》："中世逐于智谋，当今争于气力。""逐于智谋"，也就是在智谋方面竞争。

"逐"还可以用为比喻义，如《史记·淮阴侯列传》："秦失其鹿，天下共逐之。"此处不是"逐鹿"，用的是比喻义，意思是秦国失去了他的国土、疆域，天下的英雄豪杰都想得到它。

十一、生育与死亡

生与死，有生命的物种都只有一次，所以世上的事情没有比这个更大、更要紧的了。

生物来到地球上，生殖就伴随着出现了。猫孕三个月，狗孕四个月，猪孕五个月，羊孕六个月；"十月怀胎，一朝分娩"说的是人，其实人的怀孕期一般是九个月；只有大象怀孕二十五个月才生产小象。生殖是生物的本能，是生命进化带来的一种赐予，可使生命来到这个地球上，并且循环延续，自主前行。

死亡也是生命进化带来的，人和动物会以不同的方式死去，而不是如细胞凋亡那样的单一路线，很少个体能足够幸运地活到老年、活到寿终。这是因为除自然死亡之外，还有非自然死亡。自然死亡是一个遗传老化程序，它设定了所有生物预期寿命的上限，所有衰老的高等生物，它的细胞在分裂了几十代后，便最终将有机体自身引向死亡。呼吸停止后，如秋叶之静美。自然之死是生物进化中的成功。非自然死亡也是经常发生的，生物也常常因为饥饿、疾病、自杀、意外伤害，或这样、那样的不幸而非自然死亡。生命结束时，大多是非常痛苦的。所以，非自然之死在生物进化中是失败的。但无论自然死亡还是非自然死亡，都是给新生命让路的一种高尚行为。若无死亡之惠，新生命甚至无缘降生。

对生育与死亡及相关汉字，下面从嫁娶、怀孕、生育、死亡四个层次，解说形体，分析本义，梳理用法，逐个进行研究。

（一）嫁娶与相关汉字

娶 qǔ　甲骨文一期《菁》7.1 作🐾，《说文》篆文作🐾。《说文·女部》："娶，取妇也。从女，从取，取亦声。"许慎说：娶义是男人娶妻。会意兼形声字，以女、取表示迎接女子过门之意，取也是声符。

"娶"字的本义是"男人娶妻"，即男子把女子接过来成亲，也称为娶亲、娶妻或迎娶；站在女方的角度，则说出阁、出门或出嫁。如《易·姤卦》："勿为娶女。"《左传·襄公二十六年》："椒举娶于申公子牟。"《孟子·万章上》："娶妻如之何？"成语有"男婚女嫁"。

中国原始社会里，在由母系氏族向父系氏族转化的过程中，曾有抢亲风俗，"娶"字从取、从女，保留了这个意义。

甲骨文中"娶"字用为人名。

妻 qī 甲骨文一期《粹》488 作𢘓；金文《吊皮父簋》作𢙣，《农卣》作𤔔；《说文》古文作𡦡。《说文·女部》："妻，妇与夫齐者也。从女，从中，从又。又，持事，妻职也。𡦡，古文妻从𡴆、女。𡴆，古文贵字。臣铉等曰：'中也，进也，齐之义也，故从中。'"许慎说：妻，旧指男子的嫡配，与丈夫地位齐等。会意字，以女、中示意；中表示向上；又表示用手，这是妻子职分。徐铉等说：中表示进取，表示与丈夫齐等的意思，所以妻子从中。

许慎说"嫡配，与丈夫地位齐等"是对的，依据小篆解说字形则不妥。甲骨文从又、从𢘓，又即手，𢘓像妇女长发的形状，整个字形像跪坐妇女在用手梳理长发，𢘓上部增一短横的是"簪"字，以表示出嫁的妇女。妻子，旧指男子的嫡配，即初婚配偶，婚后从夫，依附丈夫；今指男子的配偶，不限初婚、二婚，与丈夫共同劳动，共同抚育子女，共同持家，地位平等。

"妻"字的本义是"妻子"，如《易·小畜》："夫妻反目。"《诗经·鲁颂·閟宫》："鲁侯燕喜，令妻寿母。"意思是鲁侯设宴让人欢喜，既有贤妻又有老母。《诗经·小雅·常棣》："妻子好合，如鼓瑟琴。"意思是妻子儿女和睦处，就像琴瑟声和谐；又"宜尔室家，乐尔妻帑"，意为：你的家庭安排好，妻子儿女乐陶陶。《礼记·曲礼》："天子之妃曰后，诸侯曰夫人，大夫曰孺人，士曰妇人，庶人曰妻。"《礼记·哀公问》："妻也者，亲之主也。"晋陶渊明《桃花源记》："率妻子邑人来此绝境。"唐杜甫《闻官军收河南河北》："却看妻子愁何在。"

甲骨文用法：一为商代先王的配偶。二为方国名。

妇 fù　繁体作婦。甲骨文一期《存》1.1014 作𩿿，一期《卜》723 作𩿿；金文《晋公簋》作𡢍；《说文》篆文作𡢨。《说文·女部》："妇，服也。从女，持帚洒扫也。"许慎说：妇义为妇女，从事家务劳动的人，就是家庭主妇（妻子）。

"妇"字以女、帚会意，表示女子拿着笤帚在洒水扫地。

"妇"字的本义当是"妻"，与"夫"相对，如《礼记·曲礼》："士曰妇人，庶人曰妻。"唐杜甫《石壕吏》："听妇前致词，三男邺城戍。"唐白居易《琵琶行（并序）》："门前冷落鞍马稀，老大嫁作商人妇。"《玉台新咏·古诗为焦仲卿妻作》："非为织作迟，君家妇难为。"又如"夫妇"。由"妻子"引申为"已婚的女子"，如"妇人"、"少妇"。由"已婚的女子"引申为"儿媳"，如"妇姑（婆媳）"、"媳妇"。"媳妇"有两个意义：一是婆婆称儿媳；二是丈夫称妻子。"泛指女性"，如"妇女"、

"妇孺皆知"、"妇幼保健站"。

甲骨文用为"人名","妇娩",即"妇"这个女人生小孩。古文字也有不从"女"的,甲骨文有时借扫帚的"帚"为妇女的"妇"。

且 qiě jū　甲骨文《前》1.36作；金文《秦公钟》作，《郜公鼎》作；《说文》小篆作。《说文·且部》:"且,荐也。从几,足有二横,一,其下地也。"许慎说:且即俎,用来摆放祭祀供品的几案。象形字,像几的形状,而几足之间又有二横;下面一横,表示下边的地面。

"且"用为祖先的"祖"字,郭沫若以为即男性生殖器之象形,此为父系社会之初的生殖崇拜现象,遂有木且、石且、陶且之制。郭沫若的这个见解,很多人信从。

用为副词"将近",读 qiě,如《列子·汤问》:"北山愚公者,年且九十,面山而居。"是说:北山有个叫愚公的,年纪将近九十岁了,面对着大山居住。用为副词"将要",如《史记·项羽本纪》:"且为之奈何。"意思是将怎么办才好。唐柳宗元《三戒》:"以为且噬己矣。"宋王安石《游褒禅山记》:"火且尽。"

用为连词"况且",表示递进关系,如《列子·汤问》:"且焉置土石。"是说:况且把挖下来的泥土石头放到哪里去呢?《世说新语·自新》:"且人患志之不立。"意思是况且人最怕的就是不立志。

用为代词"此",如《诗经·周颂·载芟》:"匪且有且,匪今斯今,振古如兹。"毛传:"且,此也。"意思是不期有此,不期有今,自古如此。

用在句末,相当于"啊",读 jū,如《诗经·郑风·褰裳》:"狂童之狂也且。"

　　祖 zǔ　甲骨文《前》1.9 作𝔸,《铁》48.4 作𝔸;金文《墙盘》作𝔸;《说文》小篆作祖。《说文·示部》:"祖,始庙也。从示且声。"许慎说:祖是祖先,供奉于宗庙里的死者。形声字,示是形符,且是声符。

"祖"字的本义是"祖先",如《诗经·大雅·文王》:"无念尔祖。"《尚书·益稷》:"祖考来格。"《盐铁论·结和》:"故先祖基之,子孙成之。"唐柳宗元《捕蛇者说》:"吾祖死于是。"由"祖先"引申为"万物之祖",如《庄子·山木》:"浮游乎万物之祖。"

甲骨文中,祖字原作"且",后加形符"示"。

（二）怀孕与相关汉字

身 shēn　甲骨文一期《佚》586 作⟨身⟩，一期《乙》6733 作⟨身⟩；金文《班簋》作⟨身⟩，《叔向簋》作⟨身⟩；《说文》小篆作⟨身⟩。《说文·身部》："身，躬也。象人之身。从人，厂声。"许慎说：身即身体、躯体；特指躯干部分。形声字，从人，特写其胸腹部，表示躯干，厂是声符。

许慎的说法认为"身体"是引申义。甲骨文"身"字从人，特大其腹，表示怀有身孕。金文大腹下加一横，为指事符号，指示大腹是怀有身孕。其本义当指妊娠，即妇女怀有身孕。小篆讹变了。

"身"字的本义是"怀孕"，如《正字通·身部》："身，女怀妊曰身。"《诗经·大雅·大明》："大任有身，生此文王。"现在，"身"本义由"孕"代替了。

由"怀孕"引申为"身体"，即人的躯体，如《论语·乡党》："必有寝礼，长一身有半。"《楚辞·九歌·国殇》："身首离兮心不惩。"《史记·项羽本纪》："项伯亦拔剑起舞，常以身翼蔽沛公，庄不得击。"由"身体"引申为"自身"，如《韩非子·五蠹》："兔不可复得，而身为宋国笑。"《论语·学而》：

"吾日三省吾身。"《后汉书·第五伦传》："故曰：其身不正，虽令不行，以身教者从，以言教者讼。"由"自身"引申为"亲自"，如《韩非子·五蠹》："禹之王天下也，身执耒臿以为民先。"《三国志·诸葛亮传》："将军身率益州之众出于秦川。"由"自身"引申为"地位和身份"，如《后汉书·孟尝传》："臣前后七表，言故合浦太守孟尝，而身轻言微，终不蒙察。"

孕 yùn　甲骨文《铁》586作，《说文》小篆作。《说文·子部》："孕，裹子也。从子，从几。徐锴曰：取象于怀妊也。"许慎说：孕即怀胎。会意字，以子、几示意。徐锴说：几同于秀下之乃和朵上之几，像草木含苞，类如人的怀孕。

许慎认为"身"字"从子、从几"，是会意字；段玉裁认为"孕"当是"从子，乃声"，是对的。甲骨文"身"、"孕"一字，像人大腹，子在腹中的形状。造字者让孩子头朝上，站立在母腹中，其实大多数胎儿在母体内不是这个姿势。应提醒读者的是，"孕"字从子，强调怀的是孩子；认为"乃"是后来的"奶"字，没有道理，因为只有分娩以后，女人才能够进入哺乳期，所以"乃"是声符比较合理。

"孕"字的本义就是"怀孕"，如《易·渐》："夫征不复，妇孕不育，凶。""花含实"也叫"孕"，如唐知玄《五岁咏花》：

"花开满树红，花落万枝空。唯余一孕在，明日定随风。"

妊 rèn　甲骨文一期《陈》① 101 作𭒆，一期《前》
8.14.3 作𭒆，《乙》5269 作𭒆；金文《吹鼎》作𡥈，
《王盂》作𡥈，《格伯簋》作𡥈；《说文》篆文作𡜑。
《说文·女部》："妊，孕也。从女，从壬，壬亦声。"许
慎说：妊义为怀孕。会意兼形声字，女表示女性，壬像
怀子之形，表示怀孕，壬又是声符。

"妊"字的本义是"怀孕"，如《后汉书·章帝纪》："今诸
怀妊者。"

甲骨文用为人名"妇妊"。

娠 shēn　《说文》篆文作𡜑。《说文·女部》：
"娠，女妊身动也。从女，辰声。《春秋传》曰：'后缗
方娠。'一曰：宫婢女隶谓之娠。"许慎说：娠义为妇女
怀孕，特指腹内胎动。形声字。《左转·哀公元年》"后
缗方娠"的娠，就是指怀孕。又一说，宫中婢女、女奴
隶叫做娠。

---

① 《陈》，即《甲骨文零拾》，陈邦怀，天津：天津人民出版社，1959 年。
以下重复出现的简称《陈》，不再注释。

"娠"字的本义是"怀孕"，如《国语·晋语》："昔者大任娠文王。"注："娠，有身也。"有身，就是有了身孕。《汉书·高帝纪上》："已而有娠。"有娠，也是有了身孕。由"怀孕"引申为"含、孕育"，如宋苏轼《桂酒颂》："水娠黄金山空青，丹砂晨暾朱夜明。"

甲骨文用为人名。

"妊"字的本义是"怀孕"，"娠"字的本义也是"怀孕"。"妊娠"成词，其义不变。

胚 pēi 《说文》小篆作。《说文·肉部》："胚（胚），妇孕一月也。从肉，不声。"许慎说：胚是孕妇怀孕一个月的胚胎。形声字，肉是形符，不是声符。

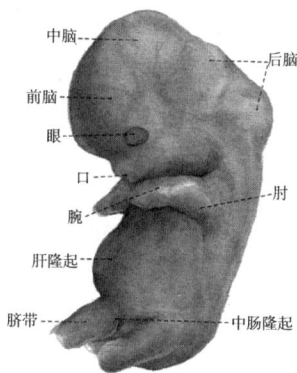

胚胎图像

"胚"字的本义是"胚胎"，如《尔雅·释诂》："胚胎未成。"泛指孕于母腹而未出生的动物幼体。

"胚"字，原来写作"肧"，隶书之后楷体作胚。《淮南子·精神》却说："妇孕三月而胚。"现代科学证明，卵子在受精后的两周内称孕卵或受精卵；受精后的第 3 ~ 8 周称为胚胎。从一个受精卵发育成为一个新个体，要经历一系列非常复杂的变化，才能发育成人体的所有组织和器官。这就是说怀孕 1 ~ 3 个月，也可以称为胚胎。所以，《说文》和《淮南子》的说法都是对的。

胎 tāi　《说文》小篆作𦝫。《说文·肉部》：“胎，妇孕三月也。从肉，台声。”许慎说：胎指母腹中三个月的婴儿。形声字，肉是形符，台是声符。

金文上面的厶，像还未出生的胎儿。

“胎”字的本义是“胎儿”，如《礼记·月令》：“毋杀孩虫、胎夭、飞鸟。”《庄子·知北游》：“九窍者胎生。”《淮南子·精神》：“三月而胎。”泛指孕于母腹而未出生的动物幼体。

现代汉语“胚胎”结合作为一个双音词使用，其义不变。

依 yī　甲骨文《前》6.34 作𧝔，《说文》小篆作𢕂。《说文·人部》：“依，倚也。从人，衣声。”许慎说：依义就是依傍，靠着。形声字，人是义符，衣是声符。

许慎说“依”就是“依傍”，不是本义，是引申义。甲骨文字形外面是包衣，里面是一个小人，像婴儿在包衣中。

“依”字的本义是“依托包衣”。由“依托包衣”引申为“依靠”、“挨着”，如《孙子·行军》：“必依水草而背众树。”唐

王之涣《登鹳雀楼》："白日依山尽，黄河入海流。"又引申为
"依仗"，如《尚书·君陈》："无依势作威，无依法以削。"由
"依靠"、"挨着"引申为"遵照"、"顺从"，如《后汉书·窦融
传》："乃拜宪车骑将军，金印紫绶，官属依司空。"《庄子·养生
主》："依乎天理。"

（三）生育与相关汉字

育 yù　与毓同义。甲骨文《后上》2011 作，《前》
2.25 作，金文《邵仲爵》作，　《说文》小篆作
"毓"，"育"作。《说文·　部》："育，养子使
作善也。从，肉声。《虞书》曰：'教育子。'徐锴
曰：'，不顺子也，不顺子亦教之，况顺者乎？'毓，
育或从每。"许慎说：育是培养孩子，使之向善、做好
事。形声字，是形符，肉是声符。《尚书》的《虞
书·尧典》上说"教育子"，就是这个意思。徐锴说：
是不顺从的孩子，不顺从的孩子尚且教育，何况是
顺从的孩子呢，更当教育。

许慎"培养孩子"的解说，不是"育"字的本义，是引申
义；"使之向善、做好事"的解说和徐锴的进一步解说，夹杂着
东汉文人的思想意识。

　　"育"字的甲骨文、金文，像女人生产的形状，有子倒出，还有数点羊水。小篆写作毓，数点羊水变成"川"。"育"是"毓"字的省写，加肉是声符。生育是其本义。

　　"育"（毓）很有意思。你看，甲骨文字有很严格的方向性，孩子出生时都是头朝下的。表明孕妇分娩时是站立姿势，孩子从母体下部产出，也表明是顺产的产妇。由此推想，晚商时期的产妇很可能就是采取站立姿势分娩的。

　　"育"字的本义是"生育"，如《易·渐》："妇孕不育，失其道也。"《诗经·大雅·生民》："载生载育，时维后稷。"意思是一朝生下勤养育，孩子就是周后稷。《左传·昭公元年》："余命而子曰虞，将与之唐，属诸参，而蕃育其子孙。"《国语·周语》："子孙蕃育之谓也。"蕃育，就是繁衍。

　　娩 miǎn　　《说文》小篆作𡤁。《说文·子部》："娩，生子免身也。从子，从免。"许慎说：娩指分娩，女人生孩子，孩子生下来，对母亲是个解脱。会意字，以子、免表示孩子解娩于母体。

　　许说会意字，不妥。"娩"中免亦声，是个会意兼形声字。《说文》从子、从免，后作从女、从免的娩，就是"十月怀胎，一朝分娩"的娩。徐锴说"《说文》无免字"是对的。王筠以为

"当从兔而省其尾，以会解娩之意"，不好理解。

　　乳 rǔ 甲骨文《乙》8896 作 ，《说文》小篆作 。《说文·乙部》："乳，人及鸟生子曰乳，兽曰产。从孚，从乙。乙者，玄鸟也。《明堂月令》：'玄鸟至之日，祠于高禖以请子。'故乳从乙。请子必以乙至之日者，乙，春分来，秋分去，开生之候鸟，帝少昊司分之官也。"许慎说：人和鸟生育后代叫做乳，兽类生育后代叫做产。会意字，孚表示孵卵，像用爪翻覆卵形，就是孵字。乙表示燕子，燕子是请子的候鸟。《明堂月令》中说："燕子归来的时候，用太牢祭礼向高禖之神来请求子嗣。"所以乳字用乙作边旁。请求子嗣一定要在燕子归来的时候，是因为燕子春分时节飞来，秋分时节离去，来时的时节是草木茂盛，鸟兽繁殖，人们认为燕子是象征生命的候鸟，少昊帝以为它来去准时，用以为掌管历法节气的官名。

　　"乳"字甲骨文像手抱婴儿哺乳的样子，字形生动形象。

　　"乳"字的本义是"人哺乳"，即喂奶，如《吕氏春秋·音初》："主人方乳。"《史记·扁仓传》："菑川王美人怀子而不乳。"明归有光《项脊轩志》："妪，先大母婢也，乳二世。"清林嗣环《口技》:"妇抚儿乳。""奶汁"称乳,如《魏书·王琚传》:"常饮牛乳,色如处子。"像"乳头"形状的物称乳,如"钟乳",钟体上像乳头形状的突出物。又如"钟乳石",是指碳酸盐岩地区洞穴内,在特定地质条件下形成的石笋、石柱等不同形态的碳酸钙沉淀物。"奶头"也称乳,如《虞初新志·秋生诗自序》:"儿含乳啼。"明魏学洢《核舟记》:"袒胸露乳。"

由"哺乳"引申为"初生,幼小的",如南朝鲍照《咏采桑》诗:"乳燕逐草虫,巢蜂拾花萼。"唐李贺《南园》诗之八:"春水初生乳燕飞,黄蜂小尾扑花归。"唐白居易《秦吉了》诗:"鸢捎乳燕一窠覆,乌啄母鸡双眼枯。"乳燕即雏燕。又如"乳牙",是儿童萌生的第一组牙,共20颗,上、下颌各10颗。

字 zì　金文《父己觯》作🔲,《说文》小篆作🔲。《说文·子部》:"字,乳也。从子在宀下,子亦声。"许慎说:字义哺乳。会意兼形声字,以子在宀下表示哺乳,子也是声符。

从金文、小篆字形看,宀下有子,像是在房屋里生孩子,引申为"孳乳",《广雅》释为"生也",《说文》释为"乳也",故出现"孳乳"一词;中国汉字是"独体为文,合体为字",字是从文孳乳而来的,所以叫"字";古人在名之外另取一个跟名相同、相近、相关或相反的另一个名,这个名是从原名孳乳而来

的，所以叫"字"。用"孳乳"解释"字"与"文"、"字"与
"名"的关系，是有根据的。

"字"的本义是"生育"，如《易·屯》："女子贞不字，十
年乃字。"《论衡·气寿》："妇人疏字者子活，数乳者子死。"意
思是妇女生孩子稀少，孩子容易成活，生孩子稠密而多，孩子成
活率也低。马怀孕也称"字"，如《汉书·食货志下》："车骑马
乏，县官钱少，买马难得，乃着令，令封君以下至三百石吏以上
差出牝马天下亭，亭有畜字马，岁课息。"亭是基层地方组织，
"亭有畜字马，岁课息"的意思是亭里有马怀孕，年内叫它生育。

由"生育"引申为"抚养"，如《诗经·大雅·生民》："牛
羊腓字之。"

用为"取名，取字"，如《礼记·曲礼》："男子二十，冠而
字。"《楚辞·离骚》："名余曰正则兮，字余曰灵均。"《史记·
孔子世家》："生而首上圩顶，故因名曰丘云。字仲尼，姓孔氏。"
《史记·陈涉世家》："陈胜者，阳城人也，字涉。"古人取字是很
讲究的：古时婴儿出生三个月后由父亲命名。男子二十岁成人举
行冠礼时取字，女子十五岁许嫁举行笄礼时取字。为什么有了
名，还要取字呢?《仪礼·士冠礼》："冠而字之，敬其名也。"孔
颖达为《礼记·檀弓》的"幼名，冠字"作注说："生若无名，
不可分别，故始三月而加名，故云幼名也。冠字者，人年二十，
有为人父之道，朋友等类不可复呼其名，故冠而加字。"就是说，
这是出于尊重、"为长者讳"的需要。

　　"字"用为"记录语言的符号",如《说文·叙》:"仓颉之初作书,盖依类象形,故谓之文,其后形声相益,即谓之字。文者物象本,字者言孳乳而浸多也。"《汉书·艺文志》:"说五字之文,至于二三万言。"《梦溪笔谈·活板》:"有奇字素无备者,旋刻之。"

　　"乳"字的本义是"人哺乳",许慎说"人及鸟生子"是"生育";"字"的本义是"人生育",许慎说是"哺乳"。这样,把两个字的意义解说颠倒了。

　　母 mǔ　甲骨文一期《后上》23.7 作🔣,《前》8.4 作🔣;金文《司母戊鼎》作🔣,《母辛卣》作🔣,《颂簋》作🔣;《说文》篆文作🔣。《说文·女部》:"母,牧也。从女,象怀子形。一曰:象乳子也。"许慎说:母即哺乳期妇女,称母亲,哺育婴儿,如同牧者饲养牲口。女是形符,像怀里抱着婴儿。另一种说法是像给婴儿喂奶。

　　"母"的甲骨文是在女字的胸部两边加两点,两点指乳房,表示为人母而乳房特大,是个指事字。从字形看,就知道妇女正在给婴儿哺乳。"母"字上部也有加一横画的,是表示头饰,更显示女性的特征。

"母"字的本义是"哺乳期母亲"，如《礼记·曲礼》："生曰父曰母，死曰考曰妣。"唐杜甫《石壕吏》："有孙母未出，出入无完裙。"

"家族或亲戚中的长辈女子"也称母，如：祖母、伯母、叔母、舅母、姑母。引申为"本源"，如《老子》："以为天下母。"注："本也。"

通"姆"，古时以妇道教子女的女教师，如《左传·襄公三十年》："甲午，宋大灾。宋伯姬卒，待姆也。"待姆，写作姆。《公羊传·襄公三十年》："宋灾，伯姬存焉。有司复曰：'火至矣，请出。'伯姬曰：'不可。吾闻之也，妇人夜出，不见傅母不下堂。'"何休注："礼，后夫人必有傅母，所以辅正其行，卫其身也。选老大夫为傅，选老大夫妻为母。"傅母，写作母；傅、母，是两个职务。《谷梁传·襄公三十年》："伯姬之舍失火，左右曰：'夫人少辟火乎？'伯姬曰：'妇人之义，傅母不在，宵不下堂。'"傅母，写作母。三处文献叙述的是同一件事，一作"姆"，一作"母"，可知"母"与"姆"通。"姆"的职责是教育贵族子女，周代贵族女子生活的不同阶段都有"姆"，少女时，姆教导她们学习妇德、妇言、妇容、妇功，《礼记正义·内则》孔颖达疏曰："以婉为妇言，娩为妇容，听从为妇顺，执麻枲以下为妇功。"

甲骨文用法：一为父母的母。二为商代先王的配偶。三为神灵名，东母。四通"毋"，"不"的意思。五通"悔"。六为人名。七为地名。

子 zǐ　甲骨文一期《甲》2907 作 ，三期《甲》1861 作 ，三期《甲》2431 作 ；金文《利簋》作 ，《戍甬鼎》作 ；《说文》小篆作 。《说文·子部》："子，十一月，阳气动，万物滋，人以为偁。象形。李阳冰曰：'子在襁褓中，足并也。' ，古文子，从巛，象发也。 ，籀文子，囟有发，臂胫在几上也。"许慎说：子是地支的第一位，以十二地支表示北斗星斗柄所指的十二个方位，刚好配十二个月，即为每月的月建。十一月的月建为子，其卦为复。其时一阳发动，万物始萌发于下。子本为阳气动万物滋生之称，人们借用它来称呼自己的小孩。象形字，象小孩的头、手、足之形。李阳冰说：小孩子在襁褓中时，腿和脚并在一起，所以只见两手。

许慎以"阴阳五行说"解释"子"，可供我们参考。

"子"的本义为"幼子"。甲骨文像画儿童囟门上有头发，有手足之形，象形字。金文两臂高举、腿部弯曲，像手舞足蹈的样子，与幼子的情态相符。

保 bǎo　甲骨文《乙》7782作🅸；金文《癸爵》作🅰，《父丁簋》作🅱；《说文》小篆作🅿。《说文·人部》："保，养也。从人，🅰省声。🅰，古文孚。🅿，古文保不省。"许慎说：养即养育。形声字，人是形符，🅰省为声符。🅰是孚的古文。🅿古文保不省声符。

许慎说保是形声字，不妥。甲骨文、金文字形很形象，像人负子于背，即把婴儿背在背上，并伸出一只手在后面托住孩子屁股加以保护，是个会意字。小篆省略变错。古文繁体是"俘"字，用为"保"，当是假借。

"保"字的本义应是"养育"，但文献记载很少。

由"养育"引申为"保护"，如《尚书·康诰》："若保赤子，惟民其康乂。"意思是（儒家学说认为帝王治理百姓）要像保护婴儿一样，让人民得以安康。《孟子·藤文公上》："儒者之道，古之人若保赤子。"《左传·僖公二十年》："保君父之命而享其生禄，于是乎得人。"《淮南子·人间训》："父子相保全。"唐韩愈《祭十二郎文》："少有强者不可保。"

由"保护"引申为"维持原状，使不消失或减弱"，如"保持、保洁、保质保量"。

通"緥"，保护婴儿的包裹衣，如《尚书·召诰》："保（緥）抱携持厥妇子。"

通"褓",褓褓，背负婴儿用的布兜和系带，借指未满周岁的婴儿，如《后汉书·桓郁传》："昔成王幼小，越在褓保（褓）。"

通"宝"，珍贵之物，如《史记·周本纪》："展九鼎保玉。"《淮南子·俶真》："其形虽有所小用哉，然未可以保于周室之九鼎也。"

呱 gū guǎ　　《说文》小篆作𠿒。《说文·口部》："呱，小儿嗁声。从口，瓜声。《诗》曰："后稷呱矣。"许慎说：呱指小孩的哭声，象声词。形声字，口是形符，瓜是声符。《诗经·大雅·生民》"后稷呱矣"，即用此义。

"呱"即婴儿的啼哭声，读 gū，如"呱呱坠地"。方言读 guǎ，如"拉呱儿"，即聊天。

咳 hái ké　　《说文》小篆作𪡆。《说文·口部》："咳，小儿笑也。从口，亥声。孩，古文咳，从子。"许慎说：咳指婴儿笑。形声字，口是形符，亥是声符。古文的"咳"以子为形符。

　　"咳"字的本义是"婴儿笑"，读 hái，今用为"孩童"的"孩"字，如《史记·扁鹊列传》："曾不可以告咳婴之貌。"

　　"咳"的今义读 ké，用为咳嗽字，如汉董仲舒《春秋繁露·五行顺逆》："如人君好战，侵陵诸侯，贪城邑之赂，轻百姓之命，则民病喉咳嗽。"宋苏轼《石钟山记》："有若老人咳且笑于山谷中者。"

（四）死亡与相关汉字

　　薨 hōng　《说文》小篆作𦴋。《说文·死部》："公侯卒也。从死，瞢省声。"瞢读 méng。许慎说：薨义是周代公侯去世。形声字，死是形符，瞢省为声符。

　　"薨"字的本义是"公侯去世"，如《左传·昭公三十二年》："鲁文公薨，而东门遂镵适立庶。"《史记·魏公子列传》："昭王薨。"清代妃子死亡叫"薨逝"。如《红楼梦》第九十五回，记贾元春之死作"元妃薨逝"。

　　由"公侯去世"引申为"杀害"，如北魏杨炫之《洛阳伽蓝记》："闭太后于后宫，薨怿于下省。"

　　死 sǐ　甲骨文一期《甲》1165 作𣦵，一期《前》

5.41.3 作𦞠；金文《盂鼎》作𦥑，《毛公鼎》作𦥑；《说文》小篆作𦣞。《说文·死部》："死，澌也。人所离也。从歺，从人。"许慎说：死是尽，生命终结，灵魂离开肉体。会意字，以歺、人示意。

甲骨文与金文近似，𣦵（歺）是残骨，𗥾（卪）是跪着的人，像人跪拜于残骨之旁祭拜或哭泣的形状。

"死"字的本义是"丧失生命"，与"生"或"活"相对，如《易·中孚》："君子以议狱缓死。"《左传·哀公十六年》："民知不死，其亦夫有奋心。"《列子·天瑞》："死者，人之终也。"《史记·陈涉世家》："今亡亦死，举大计亦死，等死，死国可乎？"

"死"由"丧失生命"引申为"不顾生命"，如《战国策·秦策》："于是乃废文任武，厚养死士，缀甲厉兵，效胜于战场。"死士，敢死的武士。《汉书·李广传》："上欲陵死战，召陵母及妇，使相者视之，无死丧色。"死战，对敌人拼死决战。由"不顾生命"引申为"至死不变的友谊"，如《后汉书·赵岐传》："嵩先入白母曰：'出行，乃得死友。'迎入上堂，飨之极欢。"死友，至死不变的朋友，指赵岐。《北齐书·宋游道传》："与顿丘李奖一面，便定死交。"死交，也是至死不变的朋友。

"死"由"不顾生命"引申为"不灵活"，如唐白居易《画

竹歌》："人画竹梢死羸垂，萧画枝活叶叶动。"现代汉语中有
"死板"、"认死理"，都是不灵活的意思。

甲骨文用为人的寿命终结。

殇 shāng　繁体作殤。《说文》小篆作殤。《说文·
歹部》："殇，不成人也。人年十九至十六死为长殇；十
五至十二死为中殇；十一至八岁死为下殇。从歹，伤省
声。"许慎说：殇义是未成年而死。形声字，歹是形符，
伤省为声符。

"歹"字的意思是剔肉剩下的骨头，因为"殇"字形符，
"殇"字与"死"相关。

"殇"字的本义是"未成年而死"，如《周礼·谥法》："未
家短折曰殇。"晋王羲之《兰亭集序》："固知一死生为虚诞，齐
彭殇为妄作。"意思是本来知道把死和生等同起来的说法是不真
实的，把长寿和短命等同起来的说法是妄造的。

"国殇"，是为国牺牲死于战场的人，如南朝鲍照《代出自蓟
北门行》："投躯报明主，身死为国殇。""嫁殇"，指为受聘后夭
亡的女子行嫁礼与合葬。

殂 cú　《说文》小篆作殂。《说文·歹部》："殂，

往死也。从歺，且声。《虞书》曰：勋乃殂。"许慎说：
殂义是死亡。形声字，歺是形符，且是声符。《尚书·
舜典》："勋乃殂。"就是这个意义。

"殂"字的本义是"死亡"，如《尚书·舜典》："帝乃殂
落。"传："殂落，死也。"《孟子·万章上》："放勋乃殂落。"三
国蜀诸葛亮《出师表》："先帝创业未半而中道崩殂。"

殛jí　《说文》小篆作殛。《说文·歺部》："殛，
殊也。从歺，亟声。《虞书》曰：'殛鲧于羽山。'"许
慎说：殛义是杀死。形声字，歺是形符，亟是声符。
《尚书·舜典》说："殛鲧于羽山。"即此义。

"殛鲧于羽山"，许慎认为是"将鲧杀死在羽山"。也有学者
认为"殛"通"极"，指将鲧流放到羽山。羽山所在，传说不一：
一说在山东郯城东北；一说在山东蓬莱东南。

"殛"字的本义是"杀死"，如《左传·僖公二十八年》：
"明神殛之。"《尚书·汤誓》："有夏多罪，天命殛之。"

由"杀死"引申为"惩罚"，如《尚书·康诰》："爽惟天其
罚殛我，我其不怨。"《尔雅·释言》："殛，诛也。"邢疏："谓
诛责也。"由"惩罚"引申为"流放"，通"极"，如《史记·夏
本纪》："乃殛鲧于羽山以死。"孔传："殛窜放流皆诛也。"汉蔡

琰《胡笳十八拍》："我不负神兮，神何殛我越荒州？"

殪 yì 《说文》小篆作殪。《说文·歺部》："殪，死也。从歺，壹声。古文从死。"许慎说：殪义是杀死。形声字，歺是形符，壹是声符。《说文》古文从死，壹省为声符。

"殪"字的本义是"死"，如《尚书·康诰》："王乃大命文王，殪戎殷，诞受厥命。"上天赋予文王使命，消灭殷商，文王接受了上天的使命。《诗经·大雅·吉日》："殪此大兕。"传："殪，壹发而死。"明马中锡《中山狼传》："遂举手助先生操刀，共殪狼。"

殡 bìn 繁体作殯。《说文》小篆作殯。《说文·歺部》："殡，死在棺，将迁葬柩，宾遇之。从歺，从宾，宾亦声。夏后殡于阼阶，殷人殡于两楹之间，周人殡于宾阶。"许慎说：殡义是停柩待葬。人死后放入棺材，下葬前暂停放在西阶，西阶是宾阶，表示以宾礼待他。会意兼形声字，以歺、宾示意，宾也是声符。夏朝帝王死后停柩在东阶，殷人停柩在两楹柱之间，周人停柩在西阶。

　　"殡"字的本义是"停柩待葬"，如《左传·僖公三十二年》："晋文公卒，庚辰，将殡于曲沃。"又《僖公·三十三年》："四月癸巳，葬晋文公。"按：四月葬晋文公，其间停殡数月。《北史·高丽传》："死者殡在屋内。"由"停柩待葬"引申为"安葬"，如《论语·乡党》："朋友死，无所归，曰：'于我殡。'"意思是朋友死了，没有人来安葬他。（孔子）说："由我来负责安葬。"《礼记·檀弓》："宾客至，无所馆，夫子曰：'生于我乎馆，死于我乎殡。'"意思是宾客死，无归处，孔子说："活着在我处治病，死了由我安葬吧。"这两处所记当属一事。

　　鬼 guǐ　甲骨文一期《合集》13751 作🔾，《前》4.18 作🔾；金文《鬼壶》作🔾，《梁伯戈》作🔾，《盂鼎二》作🔾；《说文》古文作🔾，《说文》小篆作鬼。《说文·鬼部》："鬼，人所归为鬼。从儿，由象鬼头。鬼阴气贼害，从厶，🔾，古文从示。"许慎说：鬼是人死后离体而存在的精灵。会意字，从人而有鬼头，狰狞可怕。鬼为阴气，能伤害人，所以又从厶，阳为公，阴为厶。古文从示，从鬼，鬼也是声符。

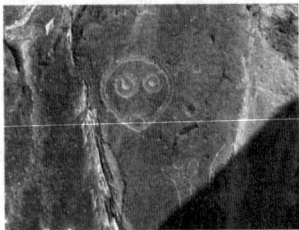

贺兰山岩画鬼脸

　　人死化鬼是古代迷信的说法，从鬼的字多是这样，如"魂"、"魄"、"魔"、"魅"等字。因为古代科学没有现在这样进步，人们认识有局限，不清楚人死后的情况。又由于"鬼"字形体较多，分析起来，意见有分歧。段玉裁说"从人像鬼头"当为"从人、甶，像鬼头，从厶"。① 王筠说：鬼字是全体象形字。鬼是人之祖先，古文从"示"，即尊为神，不可言"阴气贼害"。② 林义光说：金文鬼字不从厶，小篆从厶，为声符，厶音"围"。而"鬼"字的基本字形，像人身长了个四不像的大脑袋，是个象形字。③

　　"鬼"字的本义，迷信的人认为是指"人死后的灵魂"，如《易·睽》："载鬼一车。"《诗经·小雅·何人斯》："为鬼为蜮，则不可得。"《礼记·祭义》："众生必死，死必归土，此之谓鬼。"《礼记·祭法》："庶人庶士无庙，死曰鬼。"《楚辞·九歌·国殇》："身既死兮神以灵，子魂魄兮为鬼雄。"唐杜甫《移居公安山馆》："山鬼吹灯灭，厨人语夜阑。"

　　由于"鬼"居住在幽暗之处，出没无形，神秘兮兮的，所以

　　① （清）段玉裁：《说文解字注·鬼部》，上海：上海古籍出版社 2003 年版，第 437 页。
　　② 王筠：《说文义证·鬼部》，北京：中华书局 1987 年版。见徐復、宋文民：《说文五百四十部首正解》，南京：江苏古籍出版社 2003 年版，第 282 页。
　　③ 林义光：《文源》（第五卷），台北：中西书局 2012 年版。见古文字诂林编纂委员会：《古文字诂林》（第八册），上海：上海教育出版社 2004 年版，第 178 页。

引申为"精明",口语即"机灵",如《韩非子·八经》:"故明主之行制也天,其用人也鬼。"

"鬼"是什么东西?东汉王充就已经回答了,他在《论衡·论死》篇中说:"人死不为鬼,无知,不能害人。何以验之?验之以物。人,物也;物,亦物也。物死不为鬼,人死何故独能为鬼?……天地开辟,人皇以来,随寿而死,若中年夭亡,以亿万数。计今人之数,不若死者多。如人死辄为鬼,则道路之上,一步一鬼也。人且死见鬼,宜见数百千万,满堂盈廷,填塞巷路,不宜徒见一两人也。"说明"鬼"是不存在的。

现实生活中,带"鬼"字的词或成语使用频繁,如"鬼雄"指鬼中的雄杰,用于称颂壮烈死去的人。"鬼迷心窍"指受迷惑,犯糊涂。"鬼使神差"是好像鬼神暗中差使一样,形容意外地发生某种凑巧的事,或不由自主地做出某种意想不到的事。"鬼斧神工"是形容建筑、雕塑等技艺的精巧。"讨厌鬼"、"吝啬鬼"是称有不良嗜好或行为的人,含有厌恶意。"捣鬼"、"心里有鬼"则是指不可告人的打算和勾当。

髑 dú　《说文》小篆作髑。《说文·骨部》:"髑,髑髅,顶也。从骨,蜀声。"许慎说:髑指人头骨。形声字,骨是形符,蜀是声符。

"髑"字的本义当是"死人的头盖骨",如《庄子·至乐》:

"庄子之楚，见髑髅。"

      髅 lóu 繁体作髏。《说文》小篆作𩪦。《说文·骨部》："髏，髑髅也。从骨，娄声。"许慎说：髅指人头骨。形声字，骨是形符，娄是声符。简化作髅。

    "髅"字的本义也是"死人的头盖骨"，如《庄子·至乐》："庄子之楚，见髑髅。"

    髑髅，二字同义，很少单用。一般是二字组成一个名词使用，即"骷髅"。

参考文献

甲骨文、金文、小篆字形的引用和解释，主要参考了以下书目：

1. 中国社会科学院考古研究所编辑：《甲骨文编》，北京：中华书局 2005 年版。

2. 徐中舒主编：《甲骨文字典》，成都：四川辞书出版社 1989 年版。

3. 于省吾主编：《甲骨文字诂林》，北京：中华书局 1996 年版。

4. 古文字诂林编纂委员会：《古文字诂林》（1—12 册），上海：上海教育出版社 2004 年版。

5. 容庚编著，张振林、马国权摹补：《金文编》（第四版），北京：中华书局 1985 年版。

6. （东汉）许慎撰，（宋）徐铉校定：《说文解字》，上海：上海教育出版社 2003 年版。

7. （清）段玉裁：《说文解字注》，上海：上海古籍出版社 2003 年版。

8. 徐复、宋文民：《说文五百四十部首正解》，南京：江苏古籍出版社 2003 年版。

9. 左民安：《细说汉字：1 000 个汉字的起源与演变》，北京：九州出版社 2005 年版。

附录一：甲骨文著录简称

"简称"第一次出现时，已在页面下作了注脚。为便于读者查找甲骨文字的出处，以书中引用的先后为序，再次列出。

1.《铁》：《铁云藏龟》，（清）刘鹗，1 058 片，1903 年。

2.《佚》：《殷契佚存》，商承祚，1933 年。

3.《乙》：《小屯·殷虚文字乙编》，董作宾，1948 年上辑，1949 年中辑。

4.《前》：《殷虚书契前编》，罗振玉，2 229 片，1913 年。

5.《甲》：《小屯·殷虚文字甲编》，董作宾，3 942 片，1948 年。

6.《人》：《京都大学人文科学研究所藏甲骨文字》，〔日〕贝冢茂树，1959 年。

7.《粹》：《殷契粹编》，郭沫若，1 595 片，1937 年。

8.《后》：《殷虚书契后编》，（清）罗振玉，1 104 片，1916 年。

9.《戬》：《戬寿堂所藏殷虚文字》，姬佛陀，655 片，1917 年。

10.《京》：《战后京津新获甲骨集》，胡厚宣，5 642 片，1954 年（又简称京津）。

11.《存》:《甲骨续存》,胡厚宣,3 753 片,1955 年。

12.《合》:《殷虚文字缀合》,郭若愚、曾毅公、李学勤,科学出版社,1955 年。

13.《续》:《殷虚书契续编》,(清)罗振玉,2 016 片,1933 年。

14.《林》:《龟甲兽骨文字》,〔日〕林泰辅,日本商周遗文会,大正 10 年(1921 年)。

15.《卜》:《殷契卜辞》,容庚,1933 年。

16.《明》:《殷墟卜辞》,〔加〕明义士,1917 年。

17.《菁》:《殷虚书契菁华》,(清)罗振玉,68 片,1914 年。

18.《库》:《库方二氏藏甲骨卜辞》,〔美〕方法敛,1935 年。

19.《合集》:《甲骨文合集》,郭沫若主编,中华书局,1978—1982 年。

20.《摭续》:《殷契摭遗续编》,李亚农,商务印书馆,1950 年。

21.《屯南》:《小屯南地甲骨》,中国社会科学院考古研究所,4 589 片,1980 年。

22.《掇》:《殷契拾掇》;《殷契拾掇第二编》,郭若愚,1951 年。

23.《陈》:《甲骨文零拾》,陈邦怀,天津人民出版社,1959 年。

附录二：单字检索

（267 个汉字，分为 41 类）

人体大天夫夭匕比从立并北夏夹

广卧寝

卩凡跪踞

儿勹包老考耋寿孝

屵逆

毛尾

彡髟发鬓髦髭鬐长

而耏髭须冄髯

页头首元颠顶囟颅颗颏颔颥项颇额题颡脑

面兜颜颊

颐颔

领颈项胵

眉睫

睑睚眦眨

目眼眸盼睐眹

看见眺望直

罘

眇盲

耳聽听闻聆聪聂

聊聋聩

自鼻颏臭鼾息嚏

牙齿龋咀

口唇舌吃喫啗喝品

吐吻啜吮含唾吹问唯

喉哙吞咽嗌呼乎吸喘喟

食飤即既卿饗

厷膀肩胳臂膊髆肘胝亦

又右左叉爪寸

及秉反叔史中事吏聿笔书画

肌肤肉血

脂肪膏腴肥脱

心肓肺膺肋背胁筋骨骼

腹脐胃肝肾脾肠

髀髁髋胯股

髌骸胫腓腨

足疋脚止踵跟踝

行走奔前癶登步跖跛蹇辵迹追逐

娶妻妇且祖

身孕妊娠胚胎依

育娩乳字母子保呱咳

薨死殇殂殟殣殡鬼髑髅